KB211742

이 소중한 책을

특별히 _____ 님께

드립니다.

영혼을 위한 365일의 1분 묵상

조성원 목사 지음

나침반

영적 기상도를 바꾸는 촉매제가 되기를!

오늘이라는 하루하루가 모여서 영원을 이루
듯 일상에서 떠오르는 작은 생각의 편린(片鱗)
들이 내 삶이 된다. 때때로 돈을 잃어버린 것보
다 내 뇌리를 스쳤던 생각이 날개를 달고 날아
가 버린 것이 더 아깝다는 생각을 한 적이 수 없
이 많았다.

이 책에 기록된 것들은 다행히 떠오른 생각
들을 붙잡아서 지면에 수록해 놓은 것이다. 어
떨 때는 자다가도 생각이 나서 일어나 캄캄한
곳에서 메모지에 제목만 적어 놓았다가 자고
일어나서 정리한 것들도 여럿이 있다.

이런 작업이 가능했던 것은 울산의 대현교회
에서 14년간 목회할 때 울산 CBS기독교방송

의 요청으로 '1분 말씀'을 10여 년간 방송했기 때문이다.

긴 설교 방송에 비해 '1분 말씀'은 청취자들이 가랑비에 옷 젖는 줄 모르고 들으면서 반응이 좋다고 격려하던 당시 정재원 부장과 매번 밝은 미소로 녹음을 해주었던 장리나 아나운서의 도움이 컸다.

그리고 5년 전에 다시 서울로 올라와서 은진 교회에서 목회하며 매주일 주보에 실었던 칼럼들을 포함해서 출간하게 된 것이다. 만인 저자 시대에 조심스러운 마음이 있지만 함께 삶을 공유하는 뜻에서 용기를 내게 되었다.

비록 생활 속에 소소한 것들에 불과하지만 그것을 사유(思惟)하는 습관이 삶을 음미하게 하고 내면을 행복하게 만든다. '1분 말씀'은 말 그대로 1분에 불과한 짧은 시간이지만, 기상 캐스터가 전국의 날씨와 해상의 파고를 포함해서 일주일의 기상변화까지 알려주는 시간도 1분에 불과하다. 「영혼을 위한 365일 1분 묵상」

칼럼이 때로 독자들의 영적 기상도를 바꾸는 촉매제가 되기를 기대해 본다.

한 번은 울산에 있는 어느 식당에서 밥을 먹고 있는데 등 뒤쪽에서 식사를 하시던 손님이 "혹시 조성원 목사님 아니세요?" 하셔서 돌아보니 모르는 분이었다. 알고 보니 그 분은 울산의 강북교육장을 맡은 윤경운 장로님이셨는데 방송에서 제 목소리를 듣고 저를 짐작하셨던 것이다. 그 날 내가 먹은 밥값까지 계산하시고 유유히 가시던 모습이 아직도 눈에 선하다.

또 한 번은 몇 년간 울산 시립합창단 지휘를 맡으셨던 김명엽 장로님이 나를 만나서 CD를 건네주셨는데 승용차로 이동할 때마다 '1분 말씀' 방송 칼럼을 즐겨 들었는데 배경 음악이 너무 단조롭다며 전문가답게 '1분 말씀'에 좋은 음악을 담아서 주시는 호사를 누린 일은 두고 두고 잊히지 않을 일이다.

이번 칼럼집이 나올 수 있었던 수원지가 되

는 대현교회와 은진교회 교우들에게 감사하고, 농축된 추천사를 기꺼이 써 주신 김기현 전 울산시장님과 김명엽 서울시립합창단장님과 칼럼니스트이기도 하신 박종순 한기총 대표회장 목사님과 배상하 울산 CBS 본부장님과 임성빈 장로회신학대학교 총장님께 마음 깊이 감사하며, 성심껏 출간을 도와주신 나침반출판사의 김용호 대표님과 경영오 기획팀장님과 직원들께도 감사드린다.

항상 기도해 주시는 부모님 조석오 목사님과 이수명 사모님 그리고 김옥민 장모님께 무한 감사를 표하며, 오남매 가정을 비롯해서 희로애락을 늘 함께 해온 사랑하는 아내 장명숙과 은길(박묘심)내외와 한길이에게 따뜻한 마음을 전하고 저를 위해 기도해 주는 모든 분들께 존경과 사랑을 보내며 모든 영광을 하나님께 올려 드린다.

SOLI DEO GLORIA!

조성원 목사

에스겔 골짜기 마른 뼈처럼 그저 문자로만 기록된 성경 말씀이 치열한 삶의 현장에서 생명력으로 되살아나 기독교적 삶의 지침을 깨닫게 하는 책입니다.

▲김기현(전 국회의원/울산시장)

조 목사님의 '칼럼'을 읽노라면 매일매일 경험하는 작은 일상에서도 하나님의 온기(溫氣)가 느껴집니다. 행간마다 귓가에 주님의 속삭임도 들려옵니다. 보다 아름답고 가치 있는 삶을 바라는 모든 이들에게 깊은 숲속 옹달샘 같은 이 책을 권합니다.

▲김명엽(서울시립합창단장, 교회음악아카데미 대표)

길고 지루한 글이 있고 짧고 강한 글이 있습니다. 조성원 목사님의 글은 짧고 강합니다. 강력한 설득력을 담고 있습니다. 그래서 좋습니다.

▲박종순 목사(한국기독교총연합회(CCK) 대표회장, 칼럼니스트)

믿음에서 우러나는 마음의 감사와 존재에 대한 사랑. 세상을 바라보는 따뜻한 시선이 녹아진 책입니다. 이 책은 나는 무엇을 묵상하며 살고 있는지 깊이 사유할 수 있는 시간을 선물하는 책입니다.

▲배상하 본부장(울산 CBS 기독교방송)

이 책은 목사가 성도들에게 들려주는 친근한 이야기들로 구성되어 있습니다. 매일의 말씀과 함께 꼭 전하고 싶은 권면의 말씀도 잊지 않고 있습니다. 말씀과 함께 걸어가는 삶에 귀한 안내자가 될 것입니다.

▲임성빈 총장(장로회신학대학교)

놀라운 약속

"그가 우리에게 약속하신 것은 이것이니 곧 영원한 생명이니라"(요한일서 2장 25절)

 우리의 삶을 행복과 불행으로 바꾸어 놓는 중요한 요소 가운데 하나가 바로 '약속'입니다.

중앙 분리대가 없는 편도 1차선의 국도를 운전하며 달릴 수 있는 용기는 어디서 생기는 것입니까? 바로 약속 때문입니다.(노란 선 두 줄을 그어 놓고, 그 선을 넘지 않을 것이라고 하는 믿음 속에서 양 방향에서 60㎞, 혹은 80㎞로 달려오는 것입니다.)

어느 한 쪽에서 조금이라도 그 약속을 어기게 되면 행복 끝, 불행 시작이 되는 것입니다. 우리 사회의 기초적인 질서와 윤리의 약속을 잘 지켜가야 합니다.

여기 하나님께서도 우리에게 주시는 **놀라운 약속**이 있습니다. 그것은 '**영원한 생명**'을 주시겠다는 것입니다(그러나 이 약속은 어디까지나 쌍방 계약입니다).

예수를 구주로 믿는 자에게 영생과 천국을 소유하게 하시겠다는 것입니다. 이 **약속**이 당신 마음에 기쁨과 평강의 복된 소식이 되시기를 바랍니다.

사람은 본 것을 묵상한다

"오직 여호와의 율법을 즐거워하여 그의 율법을 주야로
묵상하는도다" (시편 1편 2절)

 사람은 생각하는 갈대이자, 묵상하는 존재입니
다. 그런데 그 사람이 무엇을 묵상하느냐가
그 사람의 미래를 결정짓습니다.

묵상은 곰곰이 생각하며 자신을 돌아보는 것입니다.

사람은 그가 좋은 것을 보았든, 나쁜 것을 보았든,

그가 본 것을 묵상하게 되어 있습니다.

어떤 책을 읽어 보았는지?

어떤 드라마나 영화를 보았는지?

어떤 사건을 보았는지?

이 모든 것이 **사람의 기억 장치에 저장되어서** 묵상거리가 되
는 것입니다.

그래서 좋은 곳에 가서 좋은 것을 보고,

좋은 사람을 만나는 것은 복이 되는 것입니다.

나쁜 것을 보지 않아야 할 이유도 여기에 있습니다.

사람은 본 것을 또 다시 묵상하게 되기 때문입니다.

자살골·살자골

"우리는 진리를 거슬러 아무 것도 할 수 없고 오직 진리를 위할 뿐이니"(고린도후서 13장 8절)

 축구 경기를 하다보면 수비수가 실수로 자기 편 골대에 자살골을 넣는 수가 있습니다. 그러나 그 것은 어디까지나 실수한 경우이지 선수가 원하는 바는 아닙니다.

그런데 그리스도인의 경우에 예수를 부인하거나 믿음을 저버리는 것이나 자기 생명을 스스로 버리는 자살은 말 그대로 영적인 자살골과 같습니다. 그것도 의식적인 자살골인 것입니다.

그리스도인은 다른 사람의 생명을 사랑하고 존중하는 것처럼, 자신의 생명 또한 소중히 여겨야 합니다.

새해에는 '자살골'이 아니라 '살자골'을 넣고 **인생 역전의 명장면**을 연출하는 승리자가 되기를 소망합니다.

펀(fun)한 교회

"너희도 성령 안에서 하나님이 거하실 처소가 되기 위하여 그리스도 예수 안에서 함께 지어져 가느니라"
(에베소서 2장 22절)

 사도 바울은 교회를 가리켜서 '하나님이 머물러 계시는 곳'(a dwelling place of God)으로 비유했습니다. 그러나 지상의 교회는 불완전한 교회이고, 천상의 교회라야 완전한 교회가 될 것입니다.

지상의 교회는 세 가지로 구분할 수 있습니다.

'뻔한 교회'와 '편한 교회'와 '펀한 교회'입니다.

'뻔한 교회'는 변화나 기대감이 없는 교회이고,

'편한 교회'는 시설이나 환경이 좋은 교회이고,

'펀한 교회'는 영어로 재미(fun)와 감동이 있는 교회입니다.

'뻔한 교회'와 '편한 교회'에서 '펀한 교회'로의 변화와 은혜가 넘치는 교회를 지향해 봅니다.

하나님 대신 붙여둔 사람

"사환들아 범사에 두려워함으로 주인들에게 순종하되 선하고 관용하는 자들에게만 아니라 또한 까다로운 자들에게도 그리하라"(베드로전서 2장 18절)

 때로는 주변에서 나를 힘들게 만드는 사람이 있습니다. 괜한 트집과 오해를 하거나 험담을 하기도 합니다.

그럴 때마다 그런 사람에 대한 원망과 미움이 생길 때가 있습니다. 그런데 지나고 보면 그는 '하나님 대신에 내 옆에 붙여둔 사람'이라는 깨달음을 얻습니다.

왜냐하면 내 고집과 모난 것을 꺾고 다듬으시기 위해
하나님이 그를 쓰실 때가 있습니다.
어떨 때는 그가 배우자일 수도 있고, 자식일 수도 있고,
상사나 부하 혹은 친한 친구나 또 다른 사람일 수도 있습니다.
까다로운 사람이나 내 마음에 맞지 않는 사람이라 할지라도
용납할 때에 점점 더 온전한 사람으로 바뀌어 질 것입니다.

하늘 미인 되기

"고운 것도 거짓되고 아름다운 것도 헛되나 오직 여호와를 경외하는 여자는 칭찬을 받을 것이라"(잠언 31장 30절)

 맨 얼굴도 예쁘지만 곱게 화장한 얼굴은 더욱 고와 보이고 목욕을 하고 나온 깨끗한 얼굴은 보는 이들을 기분 좋게 합니다.

그보다 더 예쁜 얼굴은 운동을 해서 발그레해진 자두 빛 얼굴이지만 그와도 비교할 수 없는 얼굴이 있다면 은혜받아서 평안해 보이는 밝은 얼굴일 것입니다.

다른 얼굴은 사람이 노력해서 만들 수 있지만 은혜받아서 평안해진 얼굴은 하나님을 잘 믿고 섬길 때만이 가질 수 있는 하나님이 주시는 영적 선물입니다.

당신의 얼굴도 **자연 미인**에서 **하늘 미인**으로 성형되기를 소원해 보십시오.

염세주의에서 신본주의에로

"내가 그리스도와 함께 십자가에 못 박혔나니 그런즉 이제는 내가 사는 것이 아니요 오직 내 안에 그리스도께서 사시는 것이라"(갈라디아서 2장 20절)

 고등학교 시절 수학 II까지 하루 3시간 수업, 영어는 하루 2시간씩이었는데 그중에 첫 시간의 약 20분가량은 선생님의 신앙철학적인 질문으로 시작되었습니다. 그리고 당시 학급에서 유일하게 목사 아들이고 지역 연합학생운동을 주도했던 내게로 질문이 고정되었습니다. 남자 영어 선생님은 쇼펜하우어의 염세주의에 깊이 심취해 있었습니다. 나는 어릴 적부터 배워온 성경으로 답을 하며 논쟁(debate)을 했지만 지나고 보니 나도 모르게 염세주의에 물들어 가고 있었습니다.

그러던 중에 고 3시절 본 교회 부흥회에 강사로 오신 나종도 목사님의 갈라디아서 2장 20절 말씀에 은혜와 소명을 받고 신본주의 신앙을 확인하며 곧바로 장로회신학대학의 문을 두드리면서 염세주의에서 신본주의에로 확실하게 돌아서게 되었습니다.

위대한 사람

"여자가 해산하게 되면 그 때가 이르렀으므로 근심하나 아기를 낳으면 세상에 사람 난 기쁨으로 말미암아 그 고통을 다시 기억하지 아니하느니라"(요한복음 16장 21절)

 울산 대공원에서 소그룹 모임을 하는 날이었습니다. 새 가족이 된 남자분이 다급한 목소리로 전화를 걸어왔습니다. 내용은 아내가 분만 대기실에 있는데 출산을 위해 기도해 달라는 것이었습니다.

중보기도를 하고 난 지 20여 분 후에 아이를 낳았다는 연락을 받고 다음날 병실로 심방을 갔더니 가족분만을 한 아이 아빠가 함께 간 친구에게 이렇게 말했습니다.

"너도 가족분만해봐라. 그러면 평생 아내에게 큰 소리 한번 못 할 거다."

그렇습니다.

세상에서 가장 큰 기쁨은 하나님께로부터 자녀를 얻는 것이고, 세상에서 가장 아름다운 사람은 아이를 낳아준 아내입니다. 아내는 세상에서 가장 위대합니다.

넓은 마음

"주께서 내 마음을 넓히시면 내가 주의 계명들의 길로 달려가리이다"(시편 119편 32절)

 오늘날 많은 사람들의 관심은 넓은데 있습니다. 그래서 집도 차량도 넓고 큰 것을 좋아합니다.

그런데 우리 안에 정작 커져야 할 것은 무엇입니까?

우리의 마음입니다.

솔로몬이 기도로 얻은 축복 가운데는 지혜만이 아니라

부(富)와 영광과 아울러 두 가지 마음을 얻었는데,

총명한 마음과 **넓은 마음**입니다.

어느 교회의 목사님이 건축을 하면서

설계도면을 무려 87번이나 변경하셨다고 말씀하시는

장로님은 "목사님의 열정에 감탄했다"고 했습니다.

흠이 복이 된 것입니다.

그 장로님은 넓은 마음의 소유자입니다.

기도하면, 주께서 지금 우리의 마음을 넓혀주십니다.

천국에 가면

"이 천국 복음이 모든 민족에게 증언되기 위하여 온 세상에 전파되리니 그제야 끝이 오리라"(마태복음 24장 14절)

역사인식에는 선적인 역사관과 원적인 역사관이 있습니다. 그러나 성경은 알파와 오메가요(시작과 끝인), 창조와 종말을 가르치고 있습니다.

종말 그 이후, 천상의 세계에는 새 하늘과 새 땅인 **천국과** 사랑과 긍휼이 멈추어버린 **지옥의 두 세계가 공존**하게 될 것입니다.

우리가 천국에 가면 세 가지 놀라운 일을 발견하게 될 것입니다. 첫째는 천국에 오리라고 생각지 않았던 사람이 와 있기 때문이고, 둘째는 천국에 꼭 오리라고 생각했던 사람이 보이지 않기 때문이고, 셋째는 그 좋은 천국에 나 자신이 와 있다는 꿈같은 사실에 놀랄 거라는 것입니다.

(당신은 이 이야기를 들으면서 어떤 확신이 드십니까?

세 번째로 놀랄 일이 당신에게 생길 것 같습니까?)

장차 당신이 가 있을 천국을 꿈꾸고 준비하시지 않겠습니까?

영으로 하나되기

"이러므로 남자가 부모를 떠나 그의 아내와 합하여 둘이 한 몸을 이룰지로다"(창세기 2장 24절)

 남자와 여자가 연애를 하든 중매를 해서 만나든 지 간에 두 사람이 사랑할 마음이 생기고 연합하여 부부가 되는 것은 두 사람 사이에 일어난 **사랑의 기적**임과 동시에 **하나님의 비밀한 계획의 완성**입니다. 두 사람이 사랑함으로 부부가 되고, 자녀를 낳아 가정을 이루는 것은 이 사회를 이루는 기초단위가 될 뿐만 아니라 하나님의 사랑과 용서를 체험하는 작은 교회가 되는 것입니다.

부모와 가정이 없다고 하면 누가 이 사회를 유지해 나갈 수 있을까요? 부모는 대통령보다 위대하고, 가정은 정부보다 큰일을 하는 것입니다. 그런데 만일 둘이 한 몸과 한마음이 되지 못한다면 가정과 국가는 큰 위기를 초래할 수 있습니다.

(두 사람이 하나 되는 것은 동과 서, 남과 북이 하나 되는 것만큼이나 위대한 것입니다.)

이 땅의 모든 남편과 아내들이 몸과 마음과 영으로 하나 될 수 있기를 바랍니다.

말의 교훈

"내 사랑하는 형제들아 너희가 알지니 사람마다 듣기는 속히 하고 말하기는 더디 하며 성내기도 더디 하라"
(야고보서 1장 19절)

 데이는 자신이 쓴 『세 황금문』이라는 책에서 '인간의 언어생활에 관한 충고'를 하며 좁은 세 문을 통과하도록 교훈하고 있습니다.

첫째 문은 '그 말이 참말이냐?' 하는 것이고,

둘째 문은 '그것은 필요한 말이냐?' 하는 것이고

셋째 문은 '그것은 친절한 말이냐?' 하는 것입니다.

"말로써 말이 많으니 말을 말까 하노라" 하는 세상에서

거짓을 버리고 진실을 말하며, 불필요한 말을 입 밖에 내지 않고, 피차에 덕이 되는 말을 하려면 부단한 자기 수양과 남에 대한 배려와 지혜가 필요합니다.

눈도 귀도 둘이지만 입은 하나이고 눈과 입은 닫을 수 있지만 조물주가 귀는 항상 열려있게 하심은 **보지 말아야 할 것에는 눈을 감고, 들은 것의 절반만 말해야** 한다는 교훈이 아닐까요?

합당한 말

"경우에 합당한 말은 아로새긴 은 쟁반에 금 사과니라"
(잠언 25장 11절)

 상대방을 인식하는 **첫인상은 얼굴**이지만, **두 번째 인상은 말**이라고 할 수 있습니다. 그러니까 말은 곧 그 사람을 대변하는 것입니다.

탈무드에 보면 "물고기는 언제나 입으로 낚인다. 사람도 역시 입으로 걸려든다"라는 말이 있습니다. 말은 그처럼 중요한 것입니다.

특히나 **비난의 말**은 비수가 되어서 남의 마음을 아프게 하고 피차에 유익이 없습니다.

이제 우리는 **사랑의 말. 믿음의 말. 소망의 말**을 할지언정 사람의 행복을 깨뜨리고, 하나님의 영광을 가리는 무가치한 언어를 걸러내고 **선한 말**을 하기에 힘쓸 뿐만 아니라 진정한 충고에 귀 기울일 때 후회를 덜어내고 기쁨은 배가 될 것입니다.

좋은 친구 사이라면 **은밀히 책망하고 공개적으로 칭찬**하기를 권합니다.

우리는 무엇으로 사는가?

"내 아들아 나의 법을 잊어버리지 말고 네 마음으로 나의 명령을 지키라"(잠언 3장 1절)

 '우리는 무엇으로 사는가?'
내가 자주 만나는 사람들은 서로 습관까지 닮을 정도로 영향을 받으며 살고 있고, 매일 귀로 듣고, 눈으로 보는 것에 동화되기 쉬운 것이 사실입니다. 그렇다고 하면 우리가 제일 많이 듣고 보는 것은 무엇일까요?

하나님의 말씀을 제일 많이 보고 들었으면 좋겠는데, 실제로는 알게 모르게 말씀보다는 광고에 더 많이 노출되어 있습니다. 그 말은 우리가 말씀보다 광고에 더 많은 영향을 받고 살아간다는 것입니다. **의도적으로 노력하지 않으면 거룩해지기보다 세속화되기 쉽다**는 말이지요.

"홍수에 마실 물이 없다"라는 말이 있는데 설교는 넘쳐나고 있지만 정작 내 영혼은 황폐해져 가고 있지 않습니까?

광고에 우리의 눈과 귀와 마음을 빼앗기지 말고, 내게 주시는 레마의 말씀에 사로잡히는 은혜를 누리십시오.

영혼의 식탁

"예수께서 이르시되 와서 조반을 먹으라 하시니 제자들이 주님이신 줄 아는 고로 당신이 누구냐 감히 묻는 자가 없더라" (요한복음 21장 12절)

 전쟁이 끊이지 않았던 이스라엘 사람들의 인사는 '샬롬(Shalom)!'으로 언제나 평화를 기원했고, 보릿고개를 겪었던 우리나라 사람들의 인사는 '진지 드셨습니까?' 하는 것이 최고의 인사였습니다.

다시 묻습니다. '조반은 드셨습니까?'

아침밥을 먹지 않으면 정상적인 뇌의 활동이 위축된다고 합니다. (다이어트를 하시려면 차라리 저녁을 굶든지 가볍게 드시고) 아침밥을 꼭 챙겨서 드시고 출근하십시오.

그런데 가정마다 밥해주는 주부가 밥만 해 준다면 하숙집 아주머니와 다를 바가 없습니다. 밥상을 차려 주면서 남편과 자녀들을 위해서 기도해 준다고 하면 그분은 진정한 아내요, 어머니일 것입니다(그런 여인은 현숙한 여인이요, 남편의 칭찬과 자식들의 공경을 받을 것입니다).

매일의 아침상이 **부활의 주님**과 함께 겸상하시는 영혼의 식탁이 되시기를 바랍니다.

오늘 하루

"사람이 장래 일을 알지 못하나니 장래 일을 가르칠 자가
누구이라"(전도서 8장 7절)

사람은 **과거와 현재와 미래**라고 하는 시간 속
에서 살아갑니다. 지나온 과거는 대부분 기억 속
에서 희미해져가고, **현재**는 (무엇이 어떻게 될지)불
확실 할 때가 많고, **미래**는 도무지 알 수 없는 것이 인간입니다.
제 주변에서만 지난 석 달 사이에 평소 알고 존경해 오던 몇몇
분이 세상을 떠났습니다.
그 분들은 훌륭한 목회자요, 음악가들이었습니다.
어쩌면 우리도 모두 죽을 날을 받아 놓은 예비 사형수일지 모릅
니다. 단지 교도소의 사형수처럼 그날이 언제인지를 모르고 살
아갈 뿐입니다. 혹시 마지막 날일지도 모르는 오늘 하루를 **누구
와 함께** 어떻게 지내시겠습니까?
나의 미래의 일을 준비하시고 가르치시는 그분 **하나님과 함께**
하시지 않겠습니까?

아버지의 마음

"이에 일어나서 아버지께로 돌아가니라 아직도 거리가 먼데 아버지가 그를 보고 측은히 여겨 달려가 목을 안고 입을 맞추니"(누가복음 15장 20절)

큰아이가 외국에서 지내다가 1년 만에 돌아왔습니다.

교회 마당에서 오랜만에 오래 끌어안았습니다. 아무런 약속도 없었지만 끌어안는 **몸 언어**가 **말보다** 더 잘 통했습니다. 그리고 아이는 교회 본당으로 들어가 한참을 기도했습니다.

나중에 주변에 있던 교인에게 들은 이야기로는 밖에서 기다리는 제가 안절부절못하며 왔다 갔다 하면서 아들을 기다리더라는 것입니다.

그러고 보니 그때 제가 정말 그랬던 것 같습니다.

그러면서 깨달은 것이 있습니다.

탕자의 아버지 심정을, 아니 우리를 기다리시는 하나님 아버지의 심정을 만 분의 일이라도 깨닫는 기회가 되었습니다.

지금도 하나님 아버지께서는 당신을 찾고 기다리십니다.

머리로 푸는 오병이어

"다 배불리 먹고 남은 조각을 열두 바구니에 차게 거두었으며"(마태복음 14장 20절)

지금은 두 아들이 서른 살이 다 되었지만 초등학교 시절 여름휴가를 맞이하여 본 교회를 떠나 휴가지 가까운 교회에서 예배를 드릴 때 아이들은 교회학교 예배에 참석한 적이 있었습니다.

두 아들은 아동부에서 설교하시던 전도사님이 오병이어의 말씀을 전하면서 "보리떡 다섯 개를 손톱 만큼씩 잘라서 오천 명에게 먹이고 물고기도 그렇게 하셨다"는 설교를 듣고 와서는 의문이 생겼다고 했습니다.

"그러면 열두 바구니에 차게 거둔 것과 배불리 먹었다는 것은 어떻게 설명할 수 있을까?"라는 것이었습니다.

그리스도의 신성과 이적을 믿지 못하다 보니 머리로 억지로 풀려다가 함정에 빠진 것이었습니다. 요즈음도 가끔씩 자녀들이 이야기하는 것을 들으면서 **설교자의 믿음 없음**을 생각하게 됩니다.

참 자유

"진리를 알지니 진리가 너희를 자유롭게 하리라"
(요한복음 8장 32절)

 일찍이 모든 철학자와 과학자가 '진리'에 대하여 관심을 표했고, 빌라도는 '진리가 무엇이냐?' 고 물었던 적이 있습니다.

여기에 대하여 바울은 '예수 그리스도와 그의 복음'이 진리라고 밝힌 바 있습니다.(고후 4:2, 골 1:5)

역사상 모든 종교의 창시자나 성인들을 '진리에 대하여' 말한 이들이라고 하자면, 예수 그리스도는 진리 그 자체라고 말씀하고 있습니다. 그러므로 그분 예수 그리스도 안에 있으면 우리가 자유케 되리라 했습니다.

흔히들 무슨 재미로 예수를 믿느냐는 질문을 받곤 합니다.

지금 답해 드립니다.

그리스도인들은 죄와 사망으로부터 해방되고 구원받는 **영원한 자유**와 기쁨을 누렸습니다.

당신도 이러한 **참 자유**를 누리게 되시기를 원합니다.

그리스도의 신분증

"그러므로 누구든지 이 어린 아이와 같이 자기를 낮추는 사람이 천국에서 큰 자니라"(마태복음 18장 4절)

 많은 사람들이 **학위**를 받거나 돈을 벌고 나면 그 다음 목표는 대부분 **명예**에 몰두하기 마련입니다.

명예는 곧 신분이요, 높아짐이라고 생각하기 때문일 것입니다.

그러나 내가 쟁취한 명예는 그 수명이 짧고 부끄럽게 마치게 되기도 하지만, 남이 부여해준 명예는 세월이 갈수록 영광스럽게 될 것입니다.

사람은 결코 **천황**이 될 수 없으며, 스스로 **위인**이 되려고(높아지려고) 해서도 안 될 것입니다.

물은 낮은 곳으로 흐르는 것이 자연의 순리요,

하나님께서 친히 사람의 몸을 입고 낮아지신 것처럼

(우리도 어린아이가 전적으로 부모를 의지하는 것처럼 하나님을 의지하는 것이 진정한 겸손입니다).

겸손은 그리스도인의 신분증임을 기억하십시오.

죽음보다 강한 사랑

"사랑은 죽음 같이 강하고 질투는 스올 같이 잔인하며 불
길 같이 일어나니 그 기세가 여호와의 불과 같으니라"
(아가 8장 6절)

아프가니스탄에 선교하러 갔다가 억류 중인 피랍
자들 가운데 우선 석방 대상으로 뽑힌 두 명의 여
성 중 한 명이
석방 기회를 다른 여성에게 양보했다고 탈레반이 외신에 전했습
니다. 이 소식은 탈레반과 한국인을 포함한 모든 사람의 마음을
뭉클하게 했습니다.
이것은 소설이 아닙니다.
실화요, 예수님의 가르침을 몸소 실천한 용기 있는 복음의 실
천입니다.
이것만 보아도 아프가니스탄 피랍자들이 자기 유익을 위해서가
아니라 남의 유익을 위해서 간 것을 잘 증거해 주지 않습니까?
비판은 비판을 낳지만, 이해는 이해를 낳는 것입니다.

마음 지킴이

"모든 지킬 만한 것 중에 더욱 네 마음을 지키라 생명의 근원이 이에서 남이니라"(잠언 4장 23절)

 두 분 권사님과 함께 길을 걷고 있었습니다. 뒤따라가면서 놀란 것은 이미 은퇴하신 일흔이 넘은 권사님이나 육십 대 중반의 권사님이 쓰신 양산의 색깔이 하나는 빨강과 자줏빛이었고, 다른 하나는 연두와 남색이 예쁘게 수놓아져 있었습니다.

그걸 보면서 느낀 것이 있습니다.

'사람은 몸이 늙는 것이지, **마음이 늙는 것은 아니구나**' 하는 것입니다.

"마음먹기에 달렸다"라는 말처럼, 사람의 '마음'(heart)은 말과 **행동을 결정하는 '생명의 샘'**이요, 인격의 중심이며, 하나님을 **만나는 곳**이라고 할 수 있습니다.

사람의 마음이 늙지 않는 것 같이, 마음이 미련해지거나 악해지지 않으려면 자기 마음을 잘 다스려야 할 것입니다.

나의 인생집은?

"나의 이 말을 듣고 행하지 아니하는 자는 그 집을 모래 위에 지은 어리석은 사람 같으리니 비가 내리고 창수가 나고 바람이 불어 그 집에 부딪치매 무너져 그 무너짐이 심하니라"(마태복음 7장 26, 27절)

 밤 바닷가의 모래사장을 거닐어 본 적이 있습니다.

가장자리에 서서 파도 끝자락에 발 만 담그는 사람들도 여럿이 있고, 아직도 못다한 이야기를 나누는 사람들도 많았습니다.

그런데 어느 한 사람은 바닷물에서 그다지 멀지 않은 곳에다 예쁜 모래집을 짓고 있는 것을 보았습니다.

그 모래집은 제법 크고 단단해 보였습니다.

그러나 아무래도 다음날 아침에는 아무도 볼 수 없었을 것입니다.

당신은 지금 무엇을 어디에 쌓고 계십니까?

아니 왜 쌓고 있는지?

그리고 그 다음은 어떻게 될 것인지를 생각해 보셨습니까?

맥주는 맥수가 아닙니다!

"포도주는 붉고 잔에서 번쩍이며 순하게 내려가나니 너는 그것을 보지도 말지어다"(잠언 23장 31절)

 음식과 음료는 하나님이 주신 선물이지만 그리스도인에게는 '먹을 것과 먹지 말아야 할 것'이 있습니다.

맥주는 음료라고 말하는 사람도 있지만 그렇다고 하면 초등학생이나 중고등학생 자녀에게 학교 가방에 넣어서 등교시킬 수 있는가? 쉬는 시간마다 한 병씩 꺼내서 마시라고 할 수 있는지? 를 생각해 보면 술인지? 음료인지? 금방 알 수 있습니다.

그리스도인이 '먹을 것과 먹지 말아야 할 것'은 스스로도 얼마든지 검증할 수 있습니다.

기도하고 먹을 수 있는 것은 '먹을 것'이고,

기도하고 먹을 수 없는 것은 '먹지 말아야 할 것'입니다.

술이나 담배를 하면서 기도하고 하는 사람을 아직까지 본 적이 없습니다.

작은 사랑, 큰 보답

"너는 네 떡을 물 위에 던져라 여러 날 후에 도로 찾으리라"(전도서 11장 1절)

 친구 목사가 서울의 모 교회에서 부목사로 사역하다가 그 교회에서 수 백 명의 교인과 함께 넓은 상가 교회를 분립개척해서 담임목사로 파송을 받았는데, 그 일 가운데 아름다운 이야기가 숨겨져 있었습니다.
부교역자로 있던 교회 담임목사님이 아주 오래전에 가난하여 어려울 때 친구의 형이 쌀을 한 포대 가져다준 일이 있었는데 그 동생인 것을 알고는 극진한 보은과 호의를 베푼 것입니다.
마침 그 친구는 먼저 세상을 떠난 형의 아이들을 자녀삼아 양육하고 있었습니다.
형의 쌀 한 포대는 동생에게 개척교회로 바뀌었고, 형의 자녀들에게도 안정된 삶을 가져다주었습니다.
"네 떡을 물 위에 던져라 여러 날 후에 도로 찾으리라"

결혼의 조건

“여호와 하나님이 아담에게서 취하신 그 갈빗대로 여자를 만드시고 그를 아담에게로 이끌어 오시니”
(창세기 2장 22절)

 결혼 전에 아내가 가지고 있던 배우자 상은
첫째는 신앙적으로 자기를 이끌어 줄 수 있는 사람이고

둘째는 외모는 크게 보지 않고 다만 키는 자기보다 컸으면 했고

셋째는 성품이 자상했으면 했고

넷째는 사업하는 사람보다는 공부하는 사람이었으면 했다는 것입니다.

그러고 보니 제가 그 자격요건에 어지간히 맞는 사람이 된 것입니다.

외모는 내세울만한 편은 못 되지만 키는 잘생겼고(!?),

자칭 ‘조 자상’이고, 사업한답시고 아내에게 돈 꿔오라고 한 적 없고 신앙적으로는 괜찮은 편이어서 무난히 커트라인을 통과한 셈입니다. 다만 아내가 결혼을 위한 기도에서 한 가지 빠뜨린 것이 있다면 물질에 대한 것입니다. 그러나 그 역시 큰 여유는 없지만 밥 잘 먹고 잘 살고 있으니 감사할 따름이지요.

용서는 삶의 힘

"용서하라 그리하면 너희가 용서를 받을 것이요"
(누가복음 6장 37절)

 "이 세상 모든 것 사라져도 음악은 영원히 영원히 살리라"는 노랫말이 있습니다. 음악이 없는 세상은 삭막하기 그지없을 것입니다.

그런데 혹 음악이 사라진다 해도 남아 있어야 할 것은 믿음과 소망과 사랑이요 그중에서도 제일은 사랑이라고 성경은 말씀하고 있습니다.

하루에도 수많은 신랑과 신부가 결혼을 합니다.

또한 그에 못지않게 많은 부부가 갈라섭니다.

왜일까요?

사랑 없이 결혼했을까요? 아니라고 생각합니다.

사랑함으로 결혼했지만 생활의 문제와 고비를 만났을 때 용서하지 못했기 때문이 아닐요.

이제 세상의 모든 부부들이여!

사랑함으로 결혼하고, **용서함**으로 삽시다.

건강 비결

"환난 날에 나를 부르라 내가 너를 건지리니 네가 나를 영화롭게 하리로다"(시편 50편 15절)

 장로회신학대학교에서 신약신학 교수로 재직하시다가 은퇴하시고 모스크바 장신대 총장으로 자리를 옮기신 박수암 교수님의 은퇴식에서 질문이 쏟아졌습니다. 그것은 바로 그 바쁜 교수 일정 가운데 어떻게 신약 전질에 가까운(계시록만 20여 년 후에 주석) 주석을 펴냈으며 또한 건강을 유지했는가 하는 것이었습니다.

그 질문에 대한 박 교수님의 대답은 한 가지였습니다.

막내였던 그가 어렸을 적 하도 약해서 모친이 "이 아들을 살려 달라"고 **간곡히 기도한 덕**에 오늘날까지 특별한 운동도 하지 않았지만 이처럼 건강하다고 말해 참석자들의 부러움을 산 적이 있습니다.

박수암 교수님의 건강 비결은 어머님의 기도였습니다.

환란의 날에 당신도 기도하시지 않으시렵니까?

이웃을 형제 삼기

"네 친구와 네 아비의 친구를 버리지 말며 네 환난 날에 형제의 집에 들어가지 말지어다 가까운 이웃이 먼 형제보다 나으니라"(잠언 27장 10절)

 얼마 전에 저희 교회로 초청된 강사분과 몇 마디 대화를 나누다가 그분의 처남이 저와 신학대학 동기요 친구인 신광호 목사라는 사실을 알게 되었습니다.

A. L. 바라바시가 쓴 「링크(LINKED)」라는 책의 주장처럼 세상 어느 곳의 누구라도 평균 여섯 명만 거치면 나와 연결된다는 말이 실감 나는 때입니다.

제 경우를 생각해 보아도 서로 알고 지내는 사람이 줄잡아 만 명은 되리라는 생각을 해 봅니다.

한두 명에서 여섯 명만 거쳐서 알고 보면 우리는 모두가 이웃입니다.

성경은 말합니다.

"가까운 이웃이 먼 형제보다 나으니라"

이웃으로 형제를 삼는 지혜가 필요합니다.

무책임한 감사

"이르시되 때가 찼고 하나님의 나라가 가까이 왔으니 회개하고 복음을 믿으라 하시더라"(마가복음 1장 15절)

 이 말씀은 예수님이 이 세상에 오셔서 선포하신 하나님 나라의 첫 번째 메시지였고, 예수님의 목회 표어이기도 했습니다.

또 예수님은 마가복음 1장 38절에서

"우리가 가까운 마을들로 가자 거기서도 전도하리니

내가 이를 위하여 왔노라" 하셨습니다.

예수님은 이 땅에 전도하시기 위해 오셨다는 것입니다.

그런데 오늘날 먼저 믿은 많은 그리스도인들은

자신이 예수 믿고 구원받았다는 사실을 감사하면서도

전도도, 봉사도, 구제도 하지 않는다고 하면

그것은 무책임한 감사가 아닐까요?

책임 있는 감사의 그리스도인들이 많아졌으면 합니다.

선불 십일조, 직불 감사

"나의 하나님이 그리스도 예수 안에서 영광 가운데 그 풍
성한 대로 너희 모든 쓸 것을 채우시리라"
(빌립보서 4장 19절)

 아들 일터에서 일하시는 권사님이 십일조 생활을
잘하셔서 경제적으로 별 어려움이 없는 줄 알았
는데 대화 중에 아들의 일터가 불황으로 석 달째
월급을 못 받았다고 했습니다.

"그러면 십일조는 어떻게 하셨냐?"고 물었더니 "아들이 나중에라
도 줄 테니까 십일조는 빠뜨리지 않고 먼저 드렸다"고 했습니다.
십이조, 십삼조 드렸다는 얘기는 들어봤어도 '선불 십일조'는 처음
들었습니다.

수요예배 시간에 강단에 올라온 감사헌금 봉투가 두툼해 보였
습니다. 이야기를 들어보니 사연이 있는 헌금이었습니다.

아들의 첫 수입… 하루에 9시간동안 일한 알바 비를 모아서 아
버지께 드렸는데 **아버지는 그것을 차마 쓸 수가 없어서** 봉투
째 하나님께 드렸다는 것입니다. '직불(直拂) 감사'라고 해야 할
까요?

아무튼 존경스러운 성도들을 모시고 목회하고 있는, 부끄럽기도
하고 행복하기도 한 목사입니다.

어지럽혀진 심령

"누구든지 살인이나 도둑질이나 악행이나 남의 일을 간섭하는 자로 고난을 받지 말려니와"(베드로전서 4장 15절)

 하루 종일 돌아다니며 일을 보고 집으로 들어가면서 우리가 홀대하는 것이 있다면 신발일 것입니다.

이집트 어린이의 절반은 신발을 신지 못하고 있는 것을 본 아픈 기억이 있습니다.

우리 생활에 신발은 너무나 소중한 것입니다.

그런데 **신발이 어지럽게 놓여 있는 집을 도둑이 좋아한다**는 말이 있습니다.

지금 우리 집 현관의 신발은 어떻게 놓여 있습니까?

그리고 내 심령은 어지럽혀 있지는 않습니까?

어지럽혀진 심령이 귀신이 틈타기 좋은 환경일 것입니다.

도둑질하는 자나 도둑질 당하는 자가 되지 않도록

우리의 현관과 심령을 다시 한 번 돌아보는 것은 어떨까요?

제복에 대한 권위 인정

"그러면 너희가 무엇을 보려고 나갔더냐 부드러운 옷 입은 사람이나 보랴 화려한 옷을 입고 사치하게 지내는 자는 왕궁에 있느니라"(누가복음 7장 25절)

 주일 노인교실에 특강을 하러 오신 강사 분의 이력은 독특합니다.

연신내 지구대장을 맡고 있는 이○은 경정이신데, 경찰대학을 졸업한 젊은 여성으로 법학전문대학원 과정인 로스쿨(Law School)을 마치고 영국의 케임브리지대학교에서 석사학위를 받은 화려한 경력을 가지고 있습니다.

영국에서 공부하게 된 동기 중 하나가 우리나라에 비해 경찰에 대한 존경과 권위가 있는 비결이 궁금했다고 했습니다.

영국에서 지내면서 알게 된 근본적인 배경은 영국인들의 '제복에 대한 권위 인정' 풍토였다는 것입니다.

우리나라에서는 지구대 안에서도 경찰에게 폭력을 행사하는 시민들을 보는 것이 익숙한 모습이지만 성숙한 사회로 발전하기 위해 우리도 '제복에 대한 권위 인정' 문화가 만들어졌으면 하는 바람입니다.

어르신 공경

"너는 센 머리 앞에서 일어서고 노인의 얼굴을 공경하며
네 하나님을 경외하라 나는 여호와이니라"
(레위기 19장 32절)

 사회학자들에 따르면, 한국 사회는 이미 '고령화 사회'에 접어들었고, 2019년에는 '고령사회'로 전환하게 될 것이라고 전망하고 있습니다.

(65세 이상의 노인 인구가 전체 인구의 14%에 달하는) '고령사회'는 이제 더 이상 장수가 환영받지 못하고, 오래 사는 것이 눈치 보이는 상황이 되어 가고 있습니다.

이러한 때에 우리의 사고와 언어를 재고해 볼 필요가 있습니다.
'고령사회'라는 말부터 '장수사회'로 바꾸어 말하고, '노인'이라는 말도 '어르신'이라는 말로 바꾸어 부를 필요가 있습니다.

성경적으로 볼 때, 인간은 하나님의 형상을 입은 존귀한 존재요, 장수는 축복 중에 축복입니다.

젊은이들이 고개 숙인 어르신들을 일으켜 세워 드릴 때
우리 사회는 희망이 있고, 밝아질 것입니다.

결혼의 공식

"마치 청년이 처녀와 결혼함 같이 네 아들들이 너를 취하겠고 신랑이 신부를 기뻐함 같이 네 하나님이 너를 기뻐하시리라"(이사야 62장 5절)

 결혼의 첫 번째 공식은 **사랑하는 사람과 하는 것입니다.** 그런데 **두 번째 공식이 흔들리고 있습니다.** 그것은 남자가 여자와 그리고 여자가 남자와 결혼하는 것입니다.

아무리 시대가 바뀌어도 변할 수 없는 윤리요, 진리입니다.

그런데 주례를 맡거나 하객으로 결혼식장에 참석해보면

더러 마음을 답답하게 하는 일들이 있습니다.

식장 입구에서 얼른 부조(扶助)만 하고 식당으로 가버리는 사람이나 식장 안에서 잡담을 하며 떠들어서 신성한 예식을 그르치는 경우입니다.

진정한 결혼 축하는 부조나 눈도장이 아니라 설령 부조가 준비되지 못했더라도 마음으로 축하하며 직접 가서 기도해 주는 것입니다.

아니 차라리 결혼식 날은 부조 없이 양가에서 온전히 섬기는 것은 어떨까요? 결혼의 공식이 잘 세워지고 지켜졌으면 합니다.

영혼 사랑

"회오리바람 중에 주의 우렛소리가 있으며 번개가 세계를 비추며 땅이 흔들리고 움직였나이다"(시편 77편 18절)

 설 명절에 온 가족이 모여 예배하는 중에 모친이 부끄럽다면서 간증을 자청하셨습니다.

97세를 향수(享壽)하고 가신 시어머니께서 노년에 치매가 왔습니다. 밤낮없이 소리를 지르고 변을 가리지 못해 받아내야 하는데 양이 너무 많으니까 누군가 하는 말이 식사량을 절반으로 줄이라고 귀띔하셨다고 합니다. 모친께서 하루는 시어머니의 밥을 좀 적게 뜰 양으로 주걱을 들고 밥솥을 열자마자 우레같이 큰 소리가 들리기를 "그 영혼 내가 사랑한다. 그 영혼 내가 사랑한다"하시는 하나님의 음성을 듣고는 그 자리에 주저앉아서 회개하고 범죄 하지 않도록 막아 주신 하나님께 감사했다고 합니다.

하나님은 언제나 **우리 곁에 실재하시며 살아계심**을 다시금 실감하게 됩니다.

은진1110 비전 선포

"묵시가 없으면 백성이 방자히 행하거니와 율법을 지키는 자는 복이 있느니라"(잠언 29장 18절)

 '비전은 그 사람의 가슴을 뛰게 만드는 그 무엇'입니다.

창립 44주년을 맞이한 지난 7월의 첫 주일에 '하나님을 기쁘시게, 이웃을 행복하게!'라는 영구 표어 아래 「은진1110 비전선포」의 시간을 가졌습니다.

'은진1110 비전'은 1000명의 예배자, 100명의 예수 제자, 10명의 선교사를 파송하는 1110 비전'입니다.

외적 비전과 함께 내적 비전으로 '3대 실행 비전'을 세웠습니다.

첫째는 '교회가 교회를 낳는 교회'입니다.

둘째는 '북방선교에 힘쓰는 교회'입니다.

셋째는 '지역사회를 품는 교회'입니다.

이를 위해 같은 말, 같은 마음, 같은 뜻(고전 1:10) 으로 같은 열매를 맺으며 함께 달려갈 수 있기를 바랍니다.

카스트와 세습

"무릇 자기를 높이는 자는 낮아지고 자기를 낮추는 자는 높아지리라"(누가복음 14장 11절)

 요즈음 카스트제도가 부활하고 세습되는 것 아니냐는 이야기를 의미심장하게 나누었던 적이 있습니다.

인도 사회에나 있을 신분제도가 21세기 한국 땅에서 점점 더 심화되고 있어서 염려가 됩니다.

부유한 가정에서 성공하는 자녀가 나오기 쉬워졌고,

성공한 자녀는 그에 걸맞는 사회적 신분과 경제적 부를 소유한

배우자를 찾아 결혼하게 되고,

그래서 지식과 부로 무장한 소위 성공한 금수저는

다음 세대로 세습됩니다.

결국 일반인들에게는 열리지 않는 알리바바의 문과 같은

카스트와 세습의 악순환이 이루어지는 것을 막을

적극적인 방법은

성공한 사람이 약자를 겸손히 섬기는 것뿐입니다.

꼭 가지 말아야 할 곳

"거기에서는 구더기도 죽지 않고 불도 꺼지지 아니하느니라 사람마다 불로써 소금 치듯 함을 받으리라"
(마가복음 9장 48, 49절)

 예전 같으면 한 동네에 한 곳쯤 있어서 월간 행사 정도로 다녔던 곳이 목욕탕입니다.

그런데 이제는 동네마다 사우나와 찜질방이 여러 곳 들어서서 날마다 드나드는 이들도 있습니다.

얼마 전에 울산 근교 언양에 있는 한 숯가마 찜질방에서 초고온이라고 적힌 좁은 굴에 들어갔다가 정확히 15초 만에 뛰쳐나온 적이 있습니다.

그도 그럴 것이 인간이 견디기 어려운 **170도의 초고온**이었기 때문입니다. 오래 버티는 이는 2분을 견딘다고 합니다.

그 찰나에 얼른 떠오른 생각이 유황불로 영원히 소금 치듯 하는 **이런 지옥에는 가면 안 되겠다**는 것이었습니다.

그리고 그 생각을 함께 공유하고 싶습니다.

웰빙 & 웰다잉

"그가 비록 천 년의 갑절을 산다 할지라도 행복을 보지
못하면 마침내 다 한 곳으로 돌아가는 것뿐이 아니냐"
(전도서 6장 6절)

언젠가부터 웰빙(well-being)이라는 말을
부적 많이 쓰기 시작했습니다.

그러나 웰빙은 잘 먹고 잘 살고 건강한 것 이전에
'온전한 사람으로 존재'하는 것이 우선일 것입니다.

요즈음은 웰다잉(well-dying)을 말합니다.

바르게 존재하는 것의 마지막은 '잘 죽는 것'입니다.

우리가 사는 동안에 꼭 염두에 두어야 할 것은 어떻게 하면 잘
죽는가? 하는 것입니다.

그런데 만일 죽음 이후에 가야 할 곳이 아직 준비되지 않은 이들
은 준비가 될 때까지 장수해야 하고 죽지 말아야 할 것입니다.

우리가 이 세상에 올 때는 준비 없이 올지라도 조물주께서 다 준
비해 두셨지만 우리가 이 세상을 떠나갈 때는 노자(路資)가 아
니라 **내세에 대한 확고한 믿음을 준비**해 가야 하지 않을까
요?

이상한 것에 관대한 사회

"지금이 곧 여호와를 찾을 때니 마침내 여호와께서 오사 공의를 비처럼 너희에게 내리시리라"(호세아 10장 12절)

 지금 우리 사회는 어디로 가고 있습니까?
관대해야 할 것에 엄격하고, 엄격해야 할 것에 관대한 것은 아닙니까?

국민의 안전은 국방만 지킨다고 되는 것이 아닙니다.

내부의 적인 술과 담배로부터 국민들을 지켜내는 근본적인 조치가 필요합니다.

인간 배아는 실험물이 아니라 반드시 보호받아야 할 생명 그 자체임에도 한때는 배아복제에 대해 **윤리적 논쟁** 자체를 금기시하는 분위기가 있었고, 심지어는 성폭행을 해도 대개는 불구속 처리됨으로 당하는 사람만 억울해지는 **이상한 것에 관대한 사회**로 흘러가고 있는 것은 아닙니까?

이제 우리 마음 한구석에 자리한 잘못된 가시와 엉겅퀴를 걷어내고 다시금 갈아엎어서 **이상한 사회**가 아니라 **이상적인 사회를** 만들어 가야 할 때입니다.

가족은 힘이다

"이는 그 목수의 아들이 아니냐 그 어머니는 마리아, 그 형제들은 야고보, 요셉, 시몬, 유다라 하지 않느냐"
(마태복음 13장 55절)

 대중가요 가운데 " '남'이라는 글자에 점 하나를 지우고 '님'이 되어 만난 사람도 '님'이라는 글자에 점 하나만 찍으면 도로 남이 되는 장난 같은 인생사"라는 노래도 있지만 '나'와 '남'은 반대말로 쓰이면서 '나'라고 말할 때는 입이 열리고 '남'이라고 할 때는 입이 닫히는 것을 봅니다.

그런데 '나'도 아니면서 '남'도 아닌 사람이 있는데 우리는 그 대상을 '가족'이라고 부릅니다.

진정한 가족이 되려면 입을 열어 많은 대화를 나눌 때 비로소 나의 가족이 되지 않을까요!

예수님이 인류 구원의 길을 끝까지 걸을 수 있었던 것도 삼십여 년간 함께 했던 요셉과 마리아, 야고보와 요셉 그리고 시몬과 유다 같은 가족이 주는 힘 때문이 아니었을까요!

가족에 대한 믿음이 있었기에 둘러 앉은 무리들을 가리켜 "내 형제요 자매요 어머니이니라(막 3:35)" 하지 않았을까요?

거룩한 운동

"내가 거룩하니 너희도 거룩할지어다 하셨느니라"
(베드로전서 1장 16절)

 울주군의 모 초등학교 담장에 붙은 현수막에 적힌 글에서 "우리 손에는 6만 마리의 세균이 묻어 있습니다"라는 문구를 읽고 깜짝 놀랐던 기억이 있습니다.

사람은 누구나 자기 몸을 깨끗이 하려는 습관이 있습니다.

그러나 아무리 자기를 깨끗이 해도 황사가 심하게 불면 오염이 될 수밖에 없듯이 내가 살고 있는 **도시 환경**이 바뀌지 않고는 아무도 건강하고 행복할 수 없습니다.

'**도시 복음화**(City Justification)' '**도시 성결화**(City Sanctification)' '**도시 복지화**(City Glorification)'를 목표(Target)로 하는 **성시화 운동**(Holy City Movement)이 곳곳에서 밀물처럼 밀려오고, 불길처럼 타올라서 우리 세대와 다음 세대가 마음 붙이고 살만한 **거룩한 도시, 맑고 밝은 지역**으로의 변화가 곳곳에서 누룩처럼 일어나게 되기를 기원합니다.

생명벨트

"주 예수를 믿으라 그리하면 너와 네 집이 구원을 받으리라 하고"(사도행전 16장 31절)

 아침에 출근을 하려고 자동차에 올라 시동을 걸고는 습관처럼 하던 **벨트를** 매려다가 괜히 귀찮은 생각이 들었습니다.

여태껏 매고 다녀봤지만 별일이 없었고, 불필요한 일처럼 여겨졌습니다. 그런데도 근간에 계속 벨트를 했던 것은 아마도 **생명보호**보다는 **벌금**을 내지 않으려고 맸던 것이구나! 하는 생각이 들었습니다.

우리는 때로 근본적인 목적을 잊어버린 채, 부차적인 것에 연연해서 살아가는 것은 아닐까요?

벌금을 내지 않는 것도 좋지만 사고로부터 생명을 보호하는 일은 더 중요한 일이 아니겠습니까?

안전벨트는 생명벨트이지만, 안전벨트가 반드시 생명을 보호해 주는 것은 아닙니다.

그리고 사고로부터 **생명을 보호하는 것**보다 더 중요한 일이 있습니다. 그것은 **영원한 생명을 보장받는 것**입니다.

칭찬 비타민

"그러므로 때가 이르기 전 곧 주께서 오시기까지 아무 것도 판단하지 말라 그가 어둠에 감추인 것들을 드러내고 마음의 뜻을 나타내시리니 그 때에 각 사람에게 하나님으로부터 칭찬이 있으리라"(고린도전서 4장 5절)

 고등학교 2학년 무렵의 일입니다.
다른 교회 찬양대에서 연합찬양 연습을 하는데,
그날따라 다니던 학교 음악 선생님이시기도 한
지휘자가 제가 내는 소리가 좋다면서 몇 차례나 칭찬을 했습니다.

그때 함께 찬양 연습을 했던 이들은 다 잊어버렸을지 몰라도
30년이 지난 지금도 제게는 잊히지 않을 뿐 아니라
찬양에 자신감을 갖게 되었고, 찬양을 즐겨 하게 되었습니다.
"칭찬은 고래도 춤추게 만든다"고 했던가요!
칭찬은 사람을 변화시키는 가장 좋은 '행복 비타민'이요,
가장 훌륭한 인간복지입니다.
오늘 당신의 자녀들과 이웃에게 칭찬 비타민을 나눠주시지 않겠습니까?

한 사람

"사울의 아들 요나단이 일어나 수풀에 들어가서 다윗에게 이르러 그에게 하나님을 힘 있게 의지하게 하였는데"
(사무엘상 23장 16절)

 우리 주변에 많은 사람들이 쉽게 절망하고 심지어는 생명까지 포기하는 것을 봅니다.

왜 일까요?

단순히 그들이 의지가 약해서 일까요?

문제는 그들에게 있어 보이지만 원인은 그 사람 주변에 있는 우리에게 있는 것은 아닐까요?

그 사람이 그토록 힘들어하는데도 우리가, 아니 내가 아무런 위로가 되어 주지 못한 탓은 아닐까요?

자신을 인정하고 사랑해 주는 '한 사람'만 있어도 사람은 어떠한 환경에서도 자살하지 않는다고 합니다.

수세에 몰린 다윗에게 요나단이 있어서 용기백배할 수 있었듯이 혹 지금 내 옆에 있는 이들 중에 힘겨워 하는 이들이 없는지 살펴서 함께하고 작은 위로라도 나누며 그로 하여금 다윗처럼 도우시는 하나님을 힘 있게 의지하도록 돕는 요나단 같은 '한 사람'이 되시지 않겠습니까?

구제하는 자의 복

"구제를 좋아하는 자는 풍족하여질 것이요 남을 윤택하게 하는 자는 자기도 윤택하여지리라"(잠언 11장 25절)

 어린 시절의 일이지만 잊히지 않는 기억이 있습니다.

중학교 시절 서울의 남가좌동에 살 때에 친구들이 저희 집에 놀러 온 적이 있습니다.

잘 놀다가 헤어지려 하는데 친구들 말이 집에 갈 **차비**가 없다는 것입니다. 하는 수없이 저와 두 친구를 포함한 셋이서 버스 정류장에서 그 당시 학교에 쓰고 다니던 '중(中)'자가 달린 모자를 뒤집어서 차비를 **동냥**하기 시작했습니다.

그런데 그 결과는, 기억하기 싫지만 한 시간이 지나도록 몇 푼 안 되는 두 친구의 차비를 얻지 못했습니다.

그때 사람들은 장난으로 여겨 거절했을지 몰라도 어린 마음에 얼마나 큰 상처가 되었는지 모릅니다.

남을 **구제**할 수 있다는 것은 크나큰 축복이요, 더욱 부하고 풍족하며 윤택해 지리라 하신 성경 말씀을 다시금 음미하면 좋겠습니다.

환란이 동반하고 온 은혜

"너는 내게 부르짖으라 내가 네게 응답하겠고 네가 알지 못하는 크고 은밀한 일을 네게 보이리라"
(예레미야 33장 3절)

 평소에 전남 광양에서 사업을 하시다가 주말에 종종 서울로 올라오셔서 집에 들른 후에 주일 예배를 드리고 다시 내려가시는 김기홍 집사님이 계십니다. 어느 날 고흥 숙소에서 넘어지면서 척추가 골절되는 부상을 입었는데 이제 막 풀려가는 사업을 진행하느라 병원 치료를 제때 받지 못했다고 합니다. 하반신 마비 증세가 오기 직전 서울로 오셔서 수술을 받기로 했는데 수술 전날 병원 심방에서 함께 기도하는데 평소에 그토록 점잖던 어른이 눈물을 쏟아내셨습니다. 자신의 지나온 삶 중에서 그렇게 눈물을 많이 흘려 보기는 처음이라고 했습니다. 수술 전날 밤에 시커먼 많은 형상들이 몰려오는데 피하다가 도저히 이것들을 이길 수 없겠다는 판단과 함께 **"하나님 저 좀 살려주세요!"** 라고 외치는 순간, 시커먼 형상들이 다 떠나가는 경험을 했다는 것입니다.

70세를 한두 해 앞두고 서리집사 임명을 받은 늦깎이 집사님이시지만 믿음만은 여호수아가 부러워할 만한 믿음의 용사가 되어가고 있습니다.

패륜과 효 이야기

"네 부모를 공경하라 그리하면 네 하나님 여호와가 네게
준 땅에서 네 생명이 길리라"(출애굽기 20장 12절)

 부모 공경은 한국적이면서 동양적이고 또한 성경
적이라 할 수 있습니다.

어른이 오시면 자리에서 일어나는 것을 본 외국인
들은 처음에는 이해를 못 하다가 공경의 표시인 것을 알고는 부
러워하는 것을 봅니다.

영하 10도의 겨울날 노부모를 차디찬 냉방에 가둬 놓고 여행을
가서 아버지를 얼어 죽게 만든 패륜 아들의 이야기는 우리의 가
슴을 답답하게 하지만 손수 지게를 만들어 아흔을 넘긴 아버지
를 안고 **금강산의 만물상**에 올라 양팔에 멍이 든 아들의 이
야기는 우리의 마음을 따뜻하게 합니다.

부모를 극진히 공경하는 사람치고 남을 해롭게 하는 사람은 없
습니다.

지게를 지고 간 아들의 멍든 팔이 빨리 낫기를 기도합니다.

선택

"많은 재물보다 명예를 택할 것이요 은이나 금보다 은총을 더욱 택할 것이니라"(잠언 22장 1절)

 사람이 짧은 인생을 살아가면서 재물과 명예 둘 다를 가지기는 어렵다고 합니다.

직업과 환경에 따라 어느 한 쪽을 얻을 수 있겠지만 둘 중에 하나를 택해야 한다면 성경 잠언은 명예를 택하라고 충고합니다.

재물은 세월이 지나면 내게서 떠날 수밖에 없지만 **명예**는 전당에, 아니 사람들의 뇌리에 새겨져 오래오래 기억될 것입니다.

필요한 만큼 벌고, 남는 만큼 나눌 때 명예는 빛나게 될 것입니다.

우리 사회에 명예를 얻은 이들이 혹시라도 재물에 관심을 갖다가 고귀한 명예를 잃는 일이 없었으면 합니다.

그리고 **명예**보다 귀한 것은 은총입니다.

명예는 사람이 주는 것이지만 은총은 하나님이 주시는 것입니다.

당신은 하나님의 자녀가 되는 은총을 누리고 싶지 않습니까?

목사의 자리

"어떤 사람은 목사와 교사로 삼으셨으니"
(에베소서 4장 11절)

 섬기는 교회에서 교회의 5대 사명 중 하나이기도 한 친교의 사명을 이루기 위해 올해부터 믿음의 벗들과 함께하는 '신나는 우리들의 화합'이라는 뜻의 신우회를 시작했습니다.

탁구, 자전거 라이딩, 키즈 카페, 풋살, 배드민턴, 맛집 탐방, 마라톤, 등산, 문화 산책, 둘레길 걷기, 하모니카 찬양, 원데이 클래스, 윷놀이 등 모임도 다양합니다.

한 번은 신우회 팀 중 등산 팀에서 북한산 족두리 봉 등반 후에 찍은 사진을 보내왔습니다. 그러면서 다음 번 등산에 동행했으면 하기에 "끼워 주시면 영광이지요"라고 했더니 돌아온 답장이 "감사합니다. 약속 하셨습니다"라는 것입니다.

이에 "그럼요~!! 목사의 자리는 언제나 하나님 앞, 교인들 옆이지요!"라는 글을 보냈더니 "이 말씀이 저희들 마음에 꼭 와 닿네요"라는 답이 다시 돌아왔습니다.

주고받은 문자의 내용이지만 그것이 **목사의 정확한 번지수**가 아닐까 하는 생각을 가져봅니다.

주초 문제

"포도주는 붉고 잔에서 번쩍이며 순하게 내려가나니 너는 그것을 보지도 말지어다"(잠언 23장 31절)

 우리나라에서는 일반인들에게 기호식품처럼 여겨지고 있으나 실제는 우리 몸에 가장 해로운 것이 **담배와 술**이라고 할 수 있습니다.

담배는 혈관을 수축시키고 산소 공급을 방해함으로 피부를 약하게 만듭니다.

흔한 말로 백해무익(百害無益)이 사실입니다.

술은 소량의 경우 유익한 면도 있으나 그 양을 다스릴 수 있는 사람은 흔치 않습니다.

'술술 넘어가서 술이라고 한다'는 말처럼 사람이 제어하기 어렵게 목을 타고 들어가 중추신경과 이성을 마비시켜 버리고 마는 것입니다.

고로 술은 **절제**하고, 담배는 바로 **끊어야** 합니다.

코미디언 이주일 씨가 남긴 마지막 공익광고이자 유언을 귀담아 듣는 지혜가 있기를 바랍니다.

존경

"모든 자에게 줄 것을 주되 조세를 받을 자에게 조세를 바치고 관세를 받을 자에게 관세를 바치고 두려워할 자를 두려워하며 존경할 자를 존경하라" (로마서 13장 7절)

 예로부터 선생은 존경의 표상이었습니다. 가까이하되, 그림자를 밟지 않으려고 애를 썼습니다.

임금이 지나가면 머리를 숙였습니다.

무서워서가 아니라 존경해서였습니다.

요즈음은 존경이 사라진 세상이라 해도 과언이 아닙니다.

말(言)은 나고 살고 죽는 과정을 거치는데 어쩌면 존경이라는 낱말이 이 시대 사전에서 사라진 낱말 같아 보입니다.

부모나 선생이나 대통령은 잘해서만이 아니라 세워 드려야 할 분들이기에 마땅히 존경해야 옳은 것입니다.

이 시대에 마지막 보루인 성직자들마저 존경을 잃지 않아야 하겠습니다.

존경은 받는 사람보다 존경하는 사람을 행복하게 하는 속성이 있습니다.

오만과 편견

"복 있는 사람은 악인들의 꾀를 따르지 아니하며 죄인들의 길에 서지 아니하며 오만한 자들의 자리에 앉지 아니하고"
"…너는 편견이 없이 이것들을 지켜 아무 일도 불공평하게 하지 말며"(시편 1편 1절, 디모데전서 5장 21절)

 영국 드라마 사상 가장 높은 시청률을 기록한「오만과 편견」이라는 작품이 있습니다.

영리하면서도 자기주장이 확실한 (엘리자베스) 베넷이라는 여자와 (무뚝뚝하지만 사려가 깊은) 명문 귀족 (피츠 윌리엄) 다아시라는 남자 사이에서 벌어지는 숨 막히듯 긴장감이 흐르는 사랑의 줄다리기가 그 영화의 묘미입니다.

그런데 다아시가 베넷에게 쉽게 청혼하지 못하는 이유는 자기와는 출신과 신분이 다르다고 하는 '오만과 편견' 때문입니다.

오늘날도 오만과 편견은 우리 사회에 팽배해 있습니다.

그 대상 가운데 교회와 언론과 정부가 속할 때도 있습니다.

오만과 편견에서 벗어나려면 하나님과 인간을 사랑하고 공의가 살아 있어야 합니다.

칭찬의 위력

"또 그와 함께 그 형제를 보내었으니 이 사람은 복음으로써 모든 교회에서 칭찬을 받는 자요"(고린도후서 8장 18절)

 반드시 좋은 일이 있어서 웃는 것이 아니라 웃다 가보니 좋은 일이 생기듯이 대인관계에서 상대방이 잘해서만 칭찬하는 것이 아니라 내 입술에 칭찬이 붙으면 내 옆의 사람은 누구나 칭찬받을 만한 사람이 되는 것입니다.

켄 블랜차드가 소개하는 「칭찬은 고래도 춤추게 한다」는 말은 '바다의 포식자'인 범고래로 쇼를 하도록 만든 것은 꾸지람이나 벌이 아니라 **신뢰와 긍정과 칭찬**이었다는 것이지요.

고린도교회의 모금 사업에 디도를 수행하여 함께 동행한 익명의 형제 역시 복음과 교회 안에서 칭찬을 받는 사람이 바울의 사신으로 택함을 받았습니다.

참된 일꾼은 교회 안에서뿐만 아니라 교회 밖에서도 동일하게 칭찬 듣는 사람이어야 하나님을 기쁘시게 할 수 있습니다.

연합의 능력

"그가 여호와께 연합하여 그에게서 떠나지 아니하고 여호와께서 모세에게 명령하신 계명을 지켰더라"
(열왕기하 18장 6절)

 집 근처에 있는 목욕탕에서 있었던 일입니다.
반신욕을 하는 탕에 앉아 있는데,
맞은편 **온탕**에 서너 살쯤 되어 보이는 사내아이
가 조금 전까지만 해도 더 낮은 온도의 **이벤트 탕**에도 들어가
지 않더니 어쩐 일인지 온탕 안에 들어가 있었습니다.
자세히 보니 아이는 아빠와 가슴을 맞대고 탕 속에 들어가 있었
습니다.
제법 뜨거운 물에 아이가 들어갈 수 있는 용기는 어디에서 난 것
일까요?
아빠를 안고 아빠와 하나 되면 못할 것이 없었던 것입니다.
기원전 687년에 생을 마친 유다의 열네 번째 왕 **히스기야**는
하나님께 연합하여 선정을 베풀었고 형통한 삶을 살았던 역사
적 사실을 봅니다.
우리도 하나님과 연합하고 이웃과 하나 되기만 하면 지금도 못
할 것이 없습니다.
하나 되는 것은 약간의 용기만 내면 됩니다.

창조와 발명

"태초에 하나님이 천지를 창조하시니라"(창세기 1장 1절)

 치과에서 발치(拔齒)를 하고 새로 이를 해 넣은
사람들이 한결같이 하는 말은 식사 할 때 '제 맛
이 안 난다'는 것입니다.

창조주 하나님이 원래 주신 치아는 음식 맛을 있는 그대로 느낄
수 있지만 새로 해 넣은 인조 치아로는 씹기는 하지만 미각을 제
대로 느끼기 어렵다는 것입니다.

머리를 감았는데도 가려운 곳은 대개의 경우 검은 머리카락이 있
는 곳이기 보다 흰 머리카락이 난 곳입니다.

검은 머리카락은 감고 수건으로 닦아도 물기만 묻어나지만, 염
색한 머리카락에서는 색상이 수건에 묻어나 곤란할 때가 있습
니다.

하나님의 창조와 **인간의 발명**은 근본적으로 다른 차이를
가지고 있습니다.

서로 다름은 필요한 차이

"내가 나의 목소리로 여호와께 부르짖으니 그의 성산에서 응답하시는도다"(시편 3편 4절)

 사람마다 **지문**이 다르듯이 눈에 보이는 **얼굴**이 달라서 단체사진을 찍어 놓으면 볼거리가 있습니다.

그런가 하면 보지 않고서도 사람을 구분할 수 있는 방법 중 하나가 **목소리로** 구별하는 것입니다.

옆방에서나 전화로 목소리를 들어도 누구인지 알 수 있습니다.

그렇다고 하면 하나님은 우리의 기도하는 목소리를 얼마나 더 잘 아시고 응답하시겠습니까!

만일에 모든 사람의 얼굴이 같고, 목소리가 같다면 세상은 아마도 엉망이 되고 말 것입니다.

그럼에도 부모와 자식의 목소리가 흡사하고 잉꼬부부일수록 목소리의 주파수가 닮는다는 보고가 있습니다.

서로 같은 것은 **동질감**을 주는 것이고, 서로 다른 것은 **필요한 차이**일 뿐입니다.

나머지 검사

"그런즉 믿음, 소망, 사랑, 이 세 가지는 항상 있을 것인데 그 중의 제일은 사랑이라"(고린도전서 13장 13절)

 제가 평소에 사용하던 세 날 전기면도기의 한 쪽 날이 고장 나서 수리를 맡겼습니다. 그러는 동안에 임시로 쓰게 된 일자 전기면도기가 턱수염을 물어서 잠시 고생을 한 적이 있습니다.

알고 보니 건전지가 다 닳아서 일어난 일이었습니다.

두 개의 건전지를 갈고 나니 면도기는 소리도 힘차게 돌아갔습니다.

혹시 당신의 **믿음의 건전지와 소망의 건전지**는 교체할 때가 되지는 않았나요?

사랑의 건전지도 충전이 필요하다고 빨간 불이 들어와 있지는 않은가요?

지금 한 번 점검해 보시기 바랍니다.

좋은 집이란?

"집은 지혜로 말미암아 건축되고 명철로 말미암아 견고하게 되며 또 방들은 지식으로 말미암아 각종 귀하고 아름다운 보배로 채우게 되느니라"(잠언 24장 3, 4절)

 뉴스는 온통 집값에 매여 한 걸음도 못 나갑니다. 서울의 모 지역에는 30평형대 아파트 가격이 십 수억 혹은 수십 억에 달합니다.

서민은 평생 버는 돈을 하나도 안 쓰고 모아도 사기 어려운 금액입니다.

결국 이 집 값은 **비정상**이든지 **거품**에 불과합니다.

집은 소유나 투기의 개념이 아닌 주거와 빌려 씀의 개념이 되어야 합니다.

"진짜 좋은 집은 그 집에 사는 사람들이 행복한 집이라"는 말이 마음에 와닿는 때입니다.

부동산 투기가 사라지고 **지혜와 명철의 근본이신 예수 그리스도**로 가득 채워지는 가정이 되기를 원합니다.

겸손 따라 하기

"나는 마음이 온유하고 겸손하니 나의 멍에를 메고 내게 배우라 그리하면 너희 마음이 쉼을 얻으리니"
(마태복음 11장 29절)

80년대 말, 전임전도사로 목회사역을 막 시작하던 나이 서른이 채 되지 않은 시절이었습니다.

담당 교구였던 성북동 지역을 심방하다가 한 가정을 방문했습니다.

담소 후 예배를 드리려 하자 주인은 스무 석은 족히 되어 보이는 소파의 중앙 자리에서 일어나시더니 새파란 전도사를 자신의 자리에 앉게 하고 본인은 그 옆자리로 옮겨 앉았습니다.

그 주인은 당시에도 칠순이 가까운 본 교회 장로님이셨고, 4성 장군이자 국방부장관을 지내신 김성은 장로님이십니다.

곰곰이 생각해 보니 대통령이 오셨다면 모를까 그 외에는 자리를 내어 줄 일이 없으신 분이 그처럼 행동하신 것은 **예수님의 겸손이 몸에 밴 까닭**이라고 생각돼 지금도 머리가 숙여집니다.

더불어 살기

"원수를 갚지 말며 동포를 원망하지 말며 네 이웃 사랑하기를 네 자신과 같이 사랑하라"(레위기 19장 18절)

 좀 오래전에 들은 이야기인데 잊혀지지 않는 실화로, 사회적으로 소위 성공한 사람이 있었습니다. 직업은 대학교수요, 경제적으로도 안정된 삶을 살았습니다.

외아들인 그는 노부모를 모시는 효성스러운 자녀이기도 했습니다. 넓고 좋은 아파트에서 남부럽지 않게 지냈습니다.

다만 자기 생활에 쫓기는 관계로 이웃과는 담을 쌓고 지냈습니다. 그러던 어느 날 부모가 돌아가셨습니다.

그제서야 생각해보니 장례비용은 준비가 되어 있는데 운구해 갈 사람이 없었습니다. 급한 나머지 염치 불구하고 아래위 옆집에 부탁을 해서 운구와 장례식을 무사히 치렀습니다. 그 후로 이 교수는 생각을 바꿨습니다. 남의 경조사에도 얼굴을 내밀고 이웃과 가까이 지내는 사이가 되었다는 것입니다.

가까운 이웃이 먼 형제보다 낫다는 말씀을 되새겨 볼 때입니다.

미리 보는 행복

"주 여호와께서는 자기의 비밀을 그 종 선지자들에게 보이지 아니하시고는 결코 행하심이 없으시리라"
(아모스 3장 7절)

 최근에는 40여 년 전에 다니던 신학대학이 자주 생각나면서 돌이켜 보니 그 시절이 행복했었다는 생각이 듭니다.

교육 전도사 시절, 곤색 춘추복 정장 한 벌로 사계절을 지냈지만 학문의 여왕이라는 신학을 공부했고, 사람의 영혼을 돌볼 것이라는 자부심 하나로 밥을 굶어가며 책을 사 모으고 공부하던 시절이 있었습니다.

지금은 목사가 되어 목회 현장에서 말씀과 기도생활 가운데 하나님의 음성을 듣고 전하는 목회활동이 **거룩한 부담**으로 다가올 때가 있지만 지나고 나면 이때가 또 그리워지지 않을까요?

당신과 함께, 이제는 **현재적 행복**을 미리 앞당겨 맛보는 지혜를 구해보는 것은 어떨까요?

천국과 지옥 사이 십자가

"너희는 믿음 안에 있는가 너희 자신을 시험하고 너희 자신을 확증하라 예수 그리스도께서 너희 안에 계신 줄을 너희가 스스로 알지 못하느냐 그렇지 않으면 너희는 버림 받은 자니라"(고린도후서 13장 5절)

 모교인 장로회신학대학교로부터
무극 한숭홍 교수님의 은퇴 소식을 전해들었습니다.

존경하는 한 교수님은 제가 신학대학을 입학한 첫 해에

철학 수업 첫 시간에 들어오셔서 이런 질문을 하셨습니다.

"예수를 잘 믿으면 천국 갈 자신이 생길까?

지옥 갈 확신이 생길까?"

아리송한 질문 끝에 얻은 깨달음은 이런 것이었습니다.

예수를 믿고 우리 자신을 제대로 돌아보면

우리는 천국은 고사하고 지옥 가기 안성맞춤이라는 것입니다.

그래서 우리 구주 **예수 그리스도**께서

십자가에 달려 돌아가신 것입니다.

당신 안에 계신 예수님을 만나십시오.

사순절 바로잡기

"그가 찔림은 우리의 허물 때문이요 그가 상함은 우리의
죄악 때문이라 그가 징계를 받으므로 우리는 평화를 누리
고 그가 채찍에 맞으므로 우리는 나음을 받았도다"
(이사야 53장 5절)

 매년 사순절을 맞이할 때마다 마음이 안타까울
때가 있습니다. 겉으로는 그리스도의 고난을 묵
상한다고 하지만, 속으로는 고난당하신 그리스
도를 불쌍히 여기는 듯한 인상을 받습니다.
물론 고난당하신 그리스도가 안쓰러운 것은 사실이지만, 사순절
본래의 초점은 **그리스도의 십자가 고난 속에 담겨있는 나**
의 죄와 형벌을 보며 참회하고 거룩한 삶을 살기로 결단해야
하는데, 구속함을 얻어야 하는 나는 온데간데없고, 우리도 혹시
구경꾼이 되어서 그리스도를 측은지심(惻隱之心)으로 바라보고
있지 않으냐 하는 것입니다.
초점과 중심을 바로 잡는 사순절이 되어야 할 것입니다.

거짓말의 속성

"너희는 너희 아비 마귀에게서 났으니 너희 아비의 욕심
대로 너희도 행하고자 하느니라 그는 처음부터 살인한 자
요 진리가 그 속에 없으므로 진리에 서지 못하고 거짓을
말할 때마다 제 것으로 말하나니 이는 그가 거짓말쟁이요
거짓의 아비가 되었음이라"(요한복음 8장 44절)

 어느 날 교회 공동체 안에 거짓말하는 사람이 들
어왔습니다. 낯선 사람을 친절하게 대하는 교회
의 특성상 많은 사람들이 환영해 주었습니다. 그
러나 그로 인해 사람들에게 문제가 생기고 관계가 꼬이기 시작
했습니다.

드디어 구체적인 문제가 드러나기 시작했고, 그가 하는 모든 말
과 행동이 거짓임이 드러났습니다.

교회의 거룩과 건덕을 해치므로 하는 수 없이 떠나보냈습니다.

그러자 그는 교회 밖에서 교회와 목회자의 이름을 팔아서 또 다
른 사람들에게 접근하는 미끼로 삼고 있습니다.

그와 접촉했던 사람들의 말에 따르면 그는 **거짓말**을 하면서
참으로 착각하고 오히려 희열을 느끼는 이상 증세를 보인다는
것입니다.

'**거짓의 아비**'인 마귀의 노리개가 된 것입니다.

거짓말은 하지도 말고, 속지도 말아야 합니다.

정함이 있는 사랑

"다니엘은 뜻을 정하여 왕의 음식과 그가 마시는 포도주로 자기를 더럽히지 아니하리라 하고 자기를 더럽히지 아니하도록 환관장에게 구하니"(다니엘서 1장 8절)

 차를 운전하며 도로를 달리다가 신호대기에 멈추어 섰을 때 앞서가는 앙증맞고 예쁜 차량 뒤 트렁크에 영어 이니셜이 붙어 있는 것을 보았습니다.

Knn♡Ycm 미루어 짐작하건대 자신과 연인의 이름일 것입니다.

드러내 놓고 애정을 과시하는 모습이 참 아름다워 보였습니다.

요즈음은 드러내 놓지 못하는 사이도 많다는데

다니엘처럼 "뜻을 정하고"

끊어야 할 것은 끊고,

자기 영혼을 더럽히지 않도록

마음을 정하고

공개적으로 사귀고 사랑하는 것이

새삼 사랑스럽고 귀하게 여겨졌습니다.

우리도 이런 사랑 닮았으면 합니다.

영어 남용 아파트 이름

"지혜가 많으면 번뇌도 많으니 지식을 더하는 자는 근심을 더하느니라"(전도서 1장 18절)

 문명(文明)의 발달로 인해 한 달이 다르게 고층 아파트들이 들어서고 있어 생활의 편리를 가져다 줍니다.

그런데 아파트 이름의 상당수가 영어로 되어 있고 그것도 길어서 보고 들어도 알듯 모를 듯 익혀지지가 않습니다.

(아)르누보, (웰)드 메르디앙, (위)브더 제니스, (지)웰시티, (베)벌리 힐스 빌리아, (마)제스타 울산Ⅱ, (해)피 트리 지엔느….

뜻도 모르겠고, 들어도 기억하기가 쉽지 않습니다.

항간에는 아파트 이름이 어려울수록 집값이 올라간다는 말과 더불어 노부모가 자식들 집 이름을 못 외워서도 오지 못한다는 말이 있습니다.

너무 머리를 굴리면 복도 굴러가 버리고 맙니다.

지혜와 지식도 번뇌와 근심을 더하나 효와 친절은 사람 살맛 나게 합니다.

기도 전화

"여호와께서 이같이 말씀하시기를 내가 네 기도를 들었고 네 눈물을 보았노라"(이사야 38장 5절)

 3개 이동 통신사 중 한 곳의 고객 수가 2400만 명이라는 폭발적인 휴대폰 시대를 맞이했습니다.

그래서인지 전화를 해서 상대방이 이내 받지 않거나 통화중 일 때는 조급해지고 화가 났던 경험을 가지고 있지 않습니까?

어쩌면 우리는 상대방을 속박하려는 경향이 있는지 모릅니다.

그런데 통화 중이거나 불통이 없는 전화가 출시되었습니다.

통화가 길어진다고 짜증을 내거나 먼저 전화를 끊는 일도 없습니다.

그것은 기도 전화입니다.

바쁜 일상에 아무도 내 말을 끝까지 들어 주려 하지 않지만 우리를 지으시고 구원하신 그분 만은 **당신을 외면하지 않으십니다.**

지금 그 분과 통화하지 않으시렵니까?

그녀를 만나기 50미터 전

"너는 범사에 그를 인정하라 그리하면 네 길을 지도하시리라"(잠언 3장 6절)

 집을 나선지 얼마 지나지 않아 초·중학교와 남녀 고등학교가 함께 모여 운동장 두 개를 같이 쓰고 있는 학교 앞을 지나는데 50여 미터 전방에 보이는 그녀는 내가 가까이 다가갈 때까지 꼼짝을 않고 있었습니다. 왕복 2차선인 그 길을 언제 건너야 할지 알지 못해서 머뭇거리고 있는 것이었습니다.

그녀에게 말을 붙이고 나서 양쪽 도로의 차를 세우고 길을 건너도록 도와주었습니다.

그리고 돌아서서 잘 가고 있는지 쳐다보는데 그녀도 저를 힐끗 쳐다보고 있었습니다.

그녀는 아마도 (용연)초등학교 2학년쯤 되어 보였습니다.

그날 아침 저는 **오늘 할 일을 다 한 사람** 마냥 하루 종일 기분 좋게 보낼 수 있었습니다.

우리가 하나님을 인정하고 모시어 들이기만 하면 그분께서도 우리 인생의 길을 친절히 지도해 주실 것입니다.

세월은 좀 먹는다

"외인에게 대해서는 지혜로 행하여 세월을 아끼라"
(골로새서 4장 5절)

 흔히 하는 말 가운데 "세월이 좀 먹냐?"라는 말
이 있습니다. 저는 '세월은 좀 먹는다'고 생각하는
사람입니다. 요즈음은 옷감도 좋고, 곤충 약들도
좋아서 예전처럼 벌레가 옷이나 나무 그리고 책들을 쏠아 구멍을
내는 일은 거의 없습니다. 그러나 세월은 예전보다 좀 먹는 일이
더 많아졌다고 보입니다.

한 조사에 따르면,

평균 70세를 산다고 할 때 그중에 5년은 줄 서는데 보내고,

6개월은 신호대기하는데 보내고, 물건을 찾는데 1년을 소비하
고, 가사 일에 4년, 먹는데 6년을 그리고 하루 8시간을 잔다고
하면 일생의 3분의 1인 23년을 자는 셈입니다.

그렇게 보면 하루 일과 중 우리가 쓸 수 있는 시간은 불과 9
시간 남짓 된다는 것입니다.

하루를 9시간으로 여기며 지혜롭게 살아서

내게 주신 시간이 좀 먹지 않게 해야 하지 않을까요?

교제의 악수

"또 기둥 같이 여기는 야고보와 게바와 요한도 내게 주신 은혜를 알므로 나와 바나바에게 친교의 악수를 하였으니 우리는 이방인에게로, 그들은 할례자에게로 가게 하려 함이라"(갈라디아서 2장 9절)

 사람들은 만나면 기다렸다는 듯이 악수를 합니다. 그런데 악수를 하면서 상대의 눈을 보는 것이 '진솔함'을 나타낸다면 다른 사람을 보며 악수하는 것은 '무례함'을 나타낸다는 것입니다.

상대에게 자신의 손바닥을 펼쳐 보임으로 '따뜻함'을 나타내고 무장해제를 알리는 반면에, 상대에게 자신의 손가락 부분까지만 주는 것은 '차가움'을 나타냅니다.

뉴욕 슬럼가에서 강도를 만났을 때는 손을 들고 등을 보여야지 손을 뒷 주머니로 옮기다가는 총을 빼는 줄 알고 큰일 날 수 있습니다.

인간은 끊임없이 **따뜻한 느낌을 받아야 생존할 수 있는 존재**라고 합니다.

오늘도 우리의 악수에 열린 마음과 함께 따뜻한 마음을 담아 교제의 악수를 나누어야 할 것입니다.

환란의 끝 평안

"평안을 너희에게 끼치노니 곧 나의 평안을 너희에게 주노라 내가 너희에게 주는 것은 세상이 주는 것과 같지 아니하니라 너희는 마음에 근심하지도 말고 두려워하지도 말라"(요한복음 14장 27절)

 지금 목표를 향해 부지런히 달려가고 있는 당신의 가슴속에 참 평안이 있습니까?

만약에 공허와 허무만이 있다고 하면 그것은 하나님이 주신 '목적이 이끄는 삶'이 아니라 '내가 정한 비전'일 뿐입니다.

내 의지로 정한 비전은 나를 힘겹게 하지만 하나님이 내게 감동하셔서 주신 소명은 고난 중에라도 인내와 평강을 줍니다.

스스로에게 다시금 물어보십시오.

"나는 지금 진정한 기쁨과 참 평안을 누리며 살아가고 있는가?"

그리고 "**평안의 끝에 환란이 있고, 환란의 끝에 평안이 온다**"는 것을 기억하며 사시기 바랍니다.

복제의 환상

"주께서 내 내장을 지으시며 나의 모태에서 나를 만드셨나이다"(시편 139편 13절)

 '복제의 문제'는 아직도 미제로 남아 있습니다. 의약품의 복제는 **효용**의 문제이지만 인간 복제가 현실화된다고 하면 이는 **윤리적 실존적 문제**가 될 것입니다.

장기 이식만을 기다리는 사람들 생각에 마음이 무겁지만 복제 사회를 상상해 보면 이내 혼란에 빠지고 그 결과는 소탐대실할 것이 분명합니다.

나의 복제 인간이 있다면 편리할 수 있겠으나 만일 결혼을 해서 서로 다른 신부를 맞이했으나 누가 내 신랑인지 알지 못한다면 불행한 일이 될 것입니다.

태초에 조물주께서 아담 2, 3을 만들 줄 몰라서가 아니라 그것이 인간의 행복보다는 불행이 클 것을 아셔서 나의 지문과 눈의 망막 모양과 목소리와 심장박동까지도 다르게 창조하신 것을 아는 것이 곧 지혜입니다.

우리의 용서

"나는 너희에게 이르노니 너희 원수를 사랑하며 너희를 박해하는 자를 위하여 기도하라"(마태복음 5장 44절)

 모든 종교에 신을 사랑하고 사람을 사랑하라는 가르침이 있지만, 다른 종교에 없고 기독교에만 있는 소중한 가르침이 있다고 하면, 그것은 '원수사랑'일 것입니다.

아직도 날씨는 차갑지만 봄소식은 이미 우리 곁에 와 있습니다.

봄은 앞집과 뒷집, 우리 동네와 남의 동네를 가리지 않습니다.

봄은 3·8선도 넘어갈 것입니다.

우리의 용서도 가리지 않아야 합니다.

용서 못 할 사람을 용서하는 것 그것이 진정한 용서입니다.

그리고 용서는 용서받지 못하는 사람보다 용서하지 못하는 사람을 더 힘들게 합니다.

이제 당신도 용서할 수 있는 자유를 누리십시오.

지성을 뛰어넘은 신앙인

"내가 알기에는 나의 대속자가 살아 계시니 마침내 그가 땅 위에 서실 것이라 내 가죽이 벗김을 당한 뒤에도 내가 육체 밖에서 하나님을 보리라"(욥기 19장 25, 26절)

 이 시대에 대표적인 지성인이요, 철저한 인본주의자로 알려졌던 문화부 장관을 지낸 이어령 씨가 74세에 세례를 받았습니다.

제가 신학대학원 시절 특별한 기회로 이화여대 불문과 학생들이 모인 중강당에 설교를 하러 간 적이 있었는데 당시에 주 설교자는 이어령 교수였습니다.

그러나 그는 당시 설교에서 "노아가 진짜 사랑이 있었다면 물에 뛰어들었어야 했다.

다시는 하나님을 위해 양을 잡아주지 말자"라는 등의 독설과 괴변을 늘어놓던 사람이었습니다.

이제 그에게서 어거스틴의 참회록과 같은 21세기 참회록을 기대해 봅니다.

우리도 **이성에서 지성으로, 지성에서 영성으로** 올라서야 할 때입니다.

마음의 피부

"굶주림의 열기로 말미암아 우리의 피부가 아궁이처럼 검으니이다"(예레미야애가 5장 10절)

 대중가요 가운데 "얼굴만 예쁘다고 여자냐… 마음이 비단같이 고운 여자가 정말 여자지"라는 노래가 있습니다.

그래도 요즈음은 여자나 남자나 피부에 대한 관심은 폭발적입니다. 심지어 군인들도 화장품 백을 들고 다니는 것을 보고 놀란 적이 있습니다.

그런데 피부에는 세 종류가 있다고 생각합니다.

하나는 몸의 피부이고, 다른 하나는 패션을 제2의 피부라고 합니다. 그래서 '옷을 잘 입어야 성공한다'는 말도 합니다.

그러나 가장 중요한 제3의 피부는 마음의 피부라고 할 수 있지요. 지금 당신의 마음의 피부는 고운지? 꺼칠한지? 살펴볼 일입니다.

근심과 죄는 내 마음의 피부를 거칠게 하지만

온유와 선한 양심은 마음의 피부를 곱게 만든다는 것을 기억하시기 바랍니다.

이단사이비는 짝퉁

"거짓 그리스도들과 거짓 선지자들이 일어나 큰 표적과
기사를 보여 할 수만 있으면 택하신 자들도 미혹하리라"
(마태복음 24장 24절)

 요즈음 우리 사회는 명품 문제만큼이나 짝퉁 문
제로 골머리를 앓고 있습니다.
그런데 신앙에도 **짝퉁**이 있습니다.

기독교에서는 짝퉁 신앙을 이단 혹은 사이비라고 합니다.

성경을 인용하지만 그 내막에는 성경을 짜깁기해서 교주에게 짜
맞추는 식입니다.

과거 기독교 역사에서는 몰몬교와 통일교나 전도관이 그러했고,
최근에는 정통 교단들의 총회에서 잘못된 집단들을 이단으로 규
정한 바가 있습니다.

한번 이단에 발을 들이고 나면 빠져나오기가 어렵습니다.

그래서 한국기독교총연합회에 속한 건전한 교회를 찾아 신앙생
활을 하는 지혜가 필요합니다.

모두가 하나님이 원하시는 건강하고 행복한 신앙의
사람들로 살아가시기를 원합니다.

예기치 못한 감사의 빚

"내가 주의 의로운 규례들로 말미암아 밤중에 일어나 주께 감사하리이다"(시편 119편 62절)

 새벽 기도회 준비를 알리는 자명종 소리에 단잠을 깨고 일어났습니다.

벨 소리에 함께 일어난 아내가 하는 첫 말이 "너무 고마웠다"라는 것입니다.

느닷없이 왜냐고 물었더니 꿈속에서 남편인 제가 1인용 꽃수레에 자기를 태우고 가면서 덥다고 물까지 뿌려 주더라는 겁니다.

엉겁결에 한다는 대답이 "내가 원래 그렇게 자상하잖아!" 하고 나서 아침에 곰곰이 생각해보니 그 꿈이 아내의 기대와 소망이 아니었나 하는 생각이 들었습니다.

예기치 못한 감사에 대한 부끄러운 마음이 들었습니다.

감사와 사랑의 빚을 갚아야 할 것 같습니다.

천국 입장권 회개

"내가 너희에게 이르노니 이와 같이 죄인 한 사람이 회개하면 하늘에서는 회개할 것 없는 의인 아흔아홉으로 말미암아 기뻐하는 것보다 더하리라"(누가복음 15장 7절)

 아침에 집을 나서기 전에 오늘 입을 옷을 들고 옷솔로 손질을 해 입으면 왠지 기분이 좋아집니다.

물론 옷의 먼지를 털지 않고 입은 사람과 겉보기에는 별반 차이가 없어 보이지만 그 사람 마음의 자세는 분명히 다르듯이, 사람이 지은 죄를 털듯이 회개하고 사는 사람과 안 그런 척, 혹은 숨어 사는 사람과는 천양지차의 삶을 사는 것입니다.

헐벗의 말대로 "죄를 범하는 것은 1분도 안 걸린다.

하나님의 용서를 얻는 것도 결코 길지 않다.

그러나 참회하고 개선하는 데는 평생이 소요된다"

회개하는 자에게는 죄 사함과 구원을 베풀어 주시는

회개는 '천국 입장권'과 같습니다.

옷을 털며 회개를 배웁니다.

자기 정체성

"여자는 남자의 의복을 입지 말 것이요 남자는 여자의 의복을 입지 말 것이라 이같이 하는 자는 네 하나님 여호와께 가증한 자이니라"(신명기 22장 5절)

 요즈음 여장 취미 크로스드레서(CD)들이 늘고 있다고 합니다. 크로스드레서란 '취미로 여자 옷을 입는 남자들'을 가리킵니다.

대부분 멀쩡한 학생이나 직장인들이 전용 카페 등에서 모임을 갖고 남자로 살면서 받는 스트레스를 여장을 통해 해소하려 한다는 것입니다. 그것도 아내 몰래, 여자 친구 몰래 그렇게 한다는 것입니다.

그러나 성경은 말합니다.

"여자는 남자의 의복을 입지 말 것이요.

남자는 여자의 의복을 입지 말 것이라" 했습니다.

몰래 하는 비정상적이고 비성서적인 행위는

스트레스 해소가 아니라 더 큰 자기 성(性) 정체성의 혼돈을 가져다줄 것입니다.

세상과 인간은 창조주의 창조 원리에 맞게 사는 것이 가장 자유롭고 행복한 삶임을 다시 한 번 생각해 봅니다.

생명 감사

"진실로 생명의 원천이 주께 있사오니 주의 빛 안에서 우리가 빛을 보리이다"(시편 36편 9절)

 하루는 학교에서 돌아온 아들이 얼굴을 보자마자 하는 첫 마디가 "아버지 살아 계셔서 감사해요"였습니다.

제가 아프거나 위험한 일을 당한 것도 아닌데 말입니다.
알고 보니 고등학교 같은 학급 옆자리에 앉은 친구의
아버지가 전날 갑자기 돌아가셨다는 것입니다.
급우들과 문상을 다녀온 아들의 마음에
아버지가 살아있다는 것이 위로가 되었던 모양입니다.
그러고 보니 특별히 잘한 일은 없어도
부모는 존재하는 그 자체로 사명을 감당하고 있다는 생각이 듭니다.
그러나 내 **생명의 원천이 하나님께 있음**을 알기에
오늘도 전능자에게 감사할 따름입니다.

집 나간 감사

"자기를 위하여 재물을 쌓아 두고 하나님께 대하여 부요하지 못한 자가 이와 같으니라" (누가복음 12장 21절)

 예수님은 어느 날 '어리석은 부자의 이야기'를 하셨습니다.

자기 밭의 소출이 풍성하자 창고를 더 크게 지어서 쌓아두고 자기 혼자 먹고 마실 생각만 했습니다.

하나님은 그에게 말씀하시기를 "오늘 밤에 네 영혼을 불러 가면 창고에 쌓아둔 것은 누구의 것이 되겠느냐?"라고 물으셨습니다.

어리석은 부자는 영혼도 '내 영혼'이라고 했으나 하나님은 '그 영혼'을 도로 찾겠다 하심으로 **영혼의 주인 되심을 선언**하셨습니다.

하나님도 이웃도 안중에 없는 자기 밖에 모르는 인색한 사람이 아니라 집 나간 감사를 되찾아 하나님과 사람에 대하여 평생 열려있는 삶을 사는 지혜로운 사람이 되시기를 바랍니다.

헌금과 예금

"예수께서 눈을 들어 부자들이 헌금함에 헌금 넣는 것을 보시고"(누가복음 21장 1절)

 하나님을 위해 드려진 것은 **헌금**이고, 자기를 위하여 모으는 것은 **예금**이라고 합니다.

헌금하는 즐거움은 예금의 기쁨과 비길 바가 아닙니다. 또한 헌금에는 우리나라 3대 종교 어디에도 거슬러 가거나 되찾아 가는 법이 없습니다.

드려진 헌금은 하나님과 이웃을 위해 선교와 봉사와 구제의 물질로 고귀하게 쓰이질 것이기 때문입니다.

헌금은 친목회비나 곗돈이 아닙니다. 그런데 요즈음에는 헌금에 대한 인식이 예치한 것으로 바뀌는 듯한 느낌을 갖게 됩니다.

할 수만 있으면 드려진 헌금이 좀 더 자신들을 위해 쓰이기를 원한다는 것입니다.

우리의 마음가짐에 따라서 헌금이 되기도 하고 예금이 되기도 할 것입니다. 헌금은 되도록 나를 위해서가 아닌 하나님과 이웃을 위해 쓰일 때 비로소 헌금이 되는 것입니다.

예,효,복

"이런 것은 먹고 마시는 것과 여러 가지 씻는 것과 함께
육체의 예법일 뿐이며 개혁할 때까지 맡겨 둔 것이니라"
(히브리서 9장 10절)

 제가 섬기는 교회에 은퇴하신 장로님 가운데 한
분이신 이종엽 장로님은 초등학교 교직에서 은퇴
하신지 20여 년이 지났지만, 스승의 날이면 잊지
않고 꽃바구니를 보내오는 제자가 있습니다.

세월이 흘러 그 제자 분의 나이가 일흔 살 가까이 되었으니 장로
님께서 가르침을 준 지 육십여 년이 되었지만 제자는 스승께 변
함없는 예를 갖추며 "초등학교 때 가르쳐 주셨던 예절을 잊을 수
없다"고 한답니다.

그리고는 스승이 어떤 보답이라도 할까봐서인지 본인의 연락처
를 알리지 않는다고 합니다.

학창 시절 반장을 맡아 봉사하기도 했던 그가 **스승께 행하는
예(禮)를 보면, 부모에게 효(孝)**를 할 것은 보지 않아도 알 것
같습니다. '예'는 '효'를 낳고, '효'는 '복(福)'을 불러 올 것입니다.

죄가 뭐예요?

"욕심이 잉태한즉 죄를 낳고 죄가 장성한즉 사망을 낳느니라"(야고보서 1장 15절)

 탈북한 자매 한 사람을 만나 대화를 나눈 적이 있습니다. 그녀는 1998년도에 북한을 도망치다시피 해서 중국에 머물다가
얼마 전 한국으로 들어왔습니다.
탈북 당시 북한에는 식량 배급이 중단되어
수많은 인민들이 굶주려 죽어 갔다는 것입니다.
그녀는 중국에서 만나 결혼한 남편의 인도로
처음 교회라는 곳을 가 보았고
그곳에서 '죄'라는 말을 처음 듣게 되었습니다.
'죄'가 무엇인지 뜻을 알지 못하다가
성경을 읽고 설명을 들으면서
자신의 모든 행실이 죄뿐임을 알았다는 것입니다.
죄가 무엇인지를 알고, 성경이 이해되는 것이
크나큰 축복임을 실감하게 됩니다.

꿈과 깨달음

"그 후에 내가 내 영을 만민에게 부어 주리니 너희 자녀
들이 장래 일을 말할 것이며 너희 늙은이는 꿈을 꾸며 너
희 젊은이는 이상을 볼 것이며"(요엘 2장 28절)

 간밤에 꿈을 꾸었습니다.
어렴풋이 기억나기는 도둑이 들어와서 가방과 차
를 도난당했습니다.

그 와중에 누군가 제게 많은 선교헌금을 요구했습니다.

저는 거절했습니다.

깨고 나서 생각해보니 지나가는 꿈이었는데

'그때 선교헌금을 많이 할 걸' 하는 아쉬운 생각이 들었습니다.

인간은 현실과 몽중과 다음 세상을 살아갑니다.

꿈에서 깨어 후회하듯이, 인생의 긴 잠에서 깨어나

다음 세상에서 후회하지 않도록

그리스도께서 다시 오시기 전까지 성령 충만하여서

선교뿐 아니라 예배와 전도와 봉사 등 모든 일에 최선을 다해야

겠습니다.

결혼의 서약

"사랑은 오래 참고 사랑은 온유하며… 자기의 유익을 구하지 아니하며 성내지 아니하며 악한 것을 생각하지 아니하며"(고린도전서 13장 4, 5절)

 혼인예식의 절정은 권면도 축가도 아니고 **신랑과 신부의 서약**이라고 할 수 있습니다.

기독교 혼인 서약의 내용 중에는 이런 것이 있습니다.

"나 아무개는 그대 아무개를 아내(혹은 남편으)로 맞아

우리가 사는 날 동안 기쁠 때나 슬플 때나

건강할 때나 병들 때나 부유할 때나 가난할 때나

항상 그대를 사랑하고 성실한 남편(혹은 아내)이 될 것을

지금 서약합니다."

그런데 오늘날 그 서약은 절반만 유효해 보입니다.

슬플 때나, 병들 때나, 가난할 때는 생략되어 버린

기쁠 때나, 건강할 때나, 부유할 때만 지키고 있지는 않습니까?

가정의 위기나 가정의 회복은 부부에서부터 출발하는 것임을

기억하셔서 **결혼의 서약을 100% 이행하는 성실한 결혼**이

되었으면 합니다.

귀중한 죽음 더 귀중한 삶

"그의 경건한 자들의 죽음은 여호와께서 보시기에 귀중한 것이로다"(시편 116편 15절)

 꽃잎도, 언어도, 제국도 나고 살다가 죽듯이 사람도 나고 살다가 언젠가는 죽기 마련입니다.
"한 번 죽는 것은 사람에게 정해진 것"(히 9:27)이라 했습니다.

그러나 하나님께서 귀중히 보시는 죽음이 있고,

허무한 죽음이 있습니다.

하나님을 사랑하는 자 곧 그 뜻대로 부르심을 입은 자들은

죽음도 귀하게 보신다고 하면

그 하나님께서 택정하시고 보혈을 흘려 사신

하늘나라를 유업으로 받을 성도의 사는 것은

더 어여쁘게 보시지 않을까요?

그거 아세요? 자식은 눈에 넣어도 아프지 않다고 할 정도로 부모는 자식을 위해 살듯 당신은 하나님의 눈에 넣어도 아프지 않을 사람입니다.

성도는 사나 죽으나 하나님이 사랑하시는 자입니다.

쓸 말, 버릴 말

"사무엘이 자라매 여호와께서 그와 함께 계셔서 그의 말이 하나도 땅에 떨어지지 않게 하시니"(사무엘상 3장 19절)

 말은 그 사람의 인격이자 미래의 씨가 됩니다.
말에는 힘이 있어서 두 가지 판이한 결과를 가져옵니다.
하나는 살리는 말이고, 다른 하나는 죽이는 말입니다.
사무엘 선지자가 전한 하나님의 말씀은 그대로 다 이루어짐으로
하나님의 뜻을 나타내고 말의 권위가 드러났습니다.
말에는 쓸 말이 있고, 버릴 말이 있습니다.
쓸 말은 믿음의 말이고, 버릴 말은 불신앙의 말입니다.
예를 들어서
'귀신같이 용하게 알아맞히네'
'먹고 죽은 귀신 때깔도 좋다더라'식의 말은
귀신을 불러들이는 말이 되므로 버릴 말입니다.
옛날 우리 할아버지, 할머니들은 코 흘리는 손주들의 코를 닦아
주시면서도 '흥~해라'하셨기에 그것이 축원이 되어서
오늘 우리가 이만큼 절대자의 축복을 받아 사는 것이 아닐까요!

전능자 의뢰

"사람이 장래 일을 알지 못하나니 장래 일을 가르칠 자가
누구이랴"(전도서 8장 7절)

순천에서 택시를 타고 가다가 기사분에게 들은
사연입니다.

27살 된 다 큰 아들이 있었는데, 어느 날 면허증
도 없이 차를 몰고 나가서 교통사고를 내고는 그 자리에서 죽었
다는 것입니다.

그 후로 그 아버지는 사는 의미를 잃어버렸고, 하던 일도 손에 잡
히지 않아 (집을 떠나) 전국을 헤매며 (노숙자로) 지내다가 4년여 만
에야 '내가 이러면 안 되지'라는 생각에 정신을 차리고 집으로 돌
아와서 다시금 하던 일을 한다고 했습니다.

그 말을 듣는 제 마음에도 아픔이 전해져 왔습니다.

자식을 잃어버린 부모의 심정을 무엇으로 채울 수 있겠습니까!

하루아침에 인사도 없이 훌쩍 떠나 버린 자식을 말입니다.

그런데 **인생이 본래 그런 것입니다.**

사람이 내일 일을 알지 못하고 살아갑니다.

그러니 전능자에게 의지할 수밖에 없습니다.

후일을 웃는 사람

"능력과 존귀로 옷을 삼고 후일을 웃으며"(잠언 31장 25절)

 파란만장한 생애를 산 사람이 있습니다.
어릴 적에는 **채색 옷**을 입을 정도로 부모의 사랑
을 독차지했습니다.

당연히 형제들의 시샘을 받아 **구덩이**에 던져졌다가 **인신매매**
되어 타국에서 종살이를 하게 되었습니다.

주특기가 성실이어서 주인집의 **가정 총무**가 되었으나 모함에 걸
려 옥(獄)에 갇히는 **죄수**가 되었다가 마지막에는 왕의 꿈을 해
석함으로 애굽의 **총리**가 됩니다.

그의 이름은 **요셉**입니다.

요셉이 이처럼 '후일을 웃는 사람'이 될 수 있었던 것은 하나님
께서 요셉과 함께 하셔서 그의 범사를 형통케 하셨기 때문입니
다.(창 39:2, 23)

오늘 우리 앞에 놓인 위기나 문제도 하나님 안에서 복이 될 수 있
음을 믿습니다.

구강의 신비

"모세가 여호와께 아뢰되 오 주여 나는 본래 말을 잘 하
지 못하는 자니이다 …여호와께서 그에게 이르시되 누가
사람의 입을 지었느냐 누가 말 못 하는 자나 못 듣는 자
나 눈 밝은 자나 맹인이 되게 하였느냐 나 여호와가 아니
냐"(출애굽기 4장 10, 11절)

 사람이 말을 하거나 노래를 할 때 그 좁은 입안
에서 갖가지 발음과 소리를 내는 것이 신기하지
않습니까?

그것도 입안에서 소리가 나는가 하면 음식을 넘기기도 하는데
우리가 신경 써서 애쓰지 않아도 이 두 가지가 자동적으로 이루
어지지 않습니까? 음식을 먹으면서 말을 하고 물도 마시고요.
세상에 같은 목소리가 없을 정도로 사람마다 고유한 목소리를
가지고 있어서 목소리만 들어도 누구인지를 압니다.
이 모든 것이 가능한 것은 여호와 하나님이 사람과 그 입을
지으셨기 때문입니다.
말을 할 때마다 입과 소리를 지으신 하나님을 깊이 생각하며 말
해야 할 것입니다.

허탄한 자랑

"이제도 너희가 허탄한 자랑을 하니 그러한 자랑은 다 악한 것이라"(야고보서 4장 16절)

 동창회나 사회 모임에서 사람들을 만나 나누는 대화의 주 내용은 자기 자랑이 대부분입니다.

몇 평짜리 집을 샀다느니, 어떤 차량을 샀다느니 아니면 골프나 해외여행 이야기거나 아니면 주식이나 보석 자랑, 아들딸 사위 자랑이 대다수입니다.

이때도 며느리 자랑은 꼭 빠집니다.

알고 보면 내가 지금 자랑하는 것이 내 삶의 주인이라는 사실입니다. 그리고 나는 그것의 종이 되는 것입니다.

성경은 충고하기를 "자랑하는 자는 주 안에서 자랑하라"(고전 1:31) 했습니다. 그 외의 모든 물질적이고 비인격적인 것은 다 있다가 없어질 것들이요,

허탄한 자랑에 불과할 뿐입니다.

인격과 구원이신 예수님을 자랑하십시오.

말과 인생

"입과 혀를 지키는 자는 자기의 영혼을 환난에서 보전하느니라"(잠언 21장 23절)

 세상에서 가장 쉬운 일과 가장 어려운 일이 무엇인지 아십니까? 그것은 공교롭게도 같은 것입니다.

'그것'은 바로 '말'입니다.

"쌀은 쏟고 주워 담아도, 말은 하고 못 줍는다"라는 말이 있습니다. 말을 잘 하려면 아껴서 하고, 지혜롭게 하고, 잘 들을 줄 알아야 합니다.

"만일 말에 실수가 없는 자라면 곧 온전한 사람이라"(약 3:2) 한 것처럼

말에는 악한 말, 즉 상처 되는 말이 있고,

선한 말, 즉 치유하는 말이 있습니다.

"나쁜 말은 오래가지만, 좋은 말은 더 오래 간다"고 했습니다.

기억하십시오.

말은 좋은 말이든 나쁜 말이든 **유효기간이 없이 영원히 존속**하고 그 사람과 다른 사람의 인생을 좌우함으로 말을 복되게 했으면 합니다.

형제의 마음

"친구는 사랑이 끊어지지 아니하고 형제는 위급한 때를 위하여 났느니라"(잠언 17장 17절)

 지금은 대학을 졸업한 아이가 초등학생 때의 일입니다. 두 아들이 놀다가 그만 큰 아이의 양 손가락 하나씩이 가위 모양이 달린 철제 의자에 앉은 채 뒤로 끼어 버렸습니다. 다행히 제대로 빼서 완전히 절단되지는 않고 붙어 있었습니다.

금산의 병원에서 대전의 대학병원으로 가라는 말을 듣고 개인차량에 비상등을 켜고 국도를 달렸습니다.

차량이 정체될 때는 갓길 운행을 하게 되었는데, 양보해 주는 운전자도 있었지만 얌체 운전으로 여겼는지 비켜주지 않는 차량도 제법 있었습니다.

다 잘 마무리된 지금에 와서 저는 어떤 차량이 더러 얌체 운전을 하더라도 절박한 상황의 사람일 수도 있다는 생각에 기꺼이 양보해야겠다고 마음먹고 있습니다.

"형제는 위급한 때까지 위하여 났다"라는 말씀처럼 서로가 형제의 마음을 갖는 것이 피차에 안전할 것입니다.

몽중 기도

"나는 제비 같이, 학 같이 지저귀며 비둘기 같이 슬피 울며 내 눈이 쇠하도록 앙망하나이다 여호와여 내가 압제를 받사오니 나의 중보가 되옵소서"(이사야 38장 14절)

 2008년 11월 27일에 있었던 일입니다.
토막잠을 자다가 벨 소리에 깨고 나서 생각해보니 방금 전까지 꿈속에서 섬기는 교회의 장로님 한 분 한 분을 위해 축복기도하다가 깬 기억이 나서 기뻤던 적이 있습니다.

히스기야가 중한 병이 들어서 고통 중에 하나님께 부르짖되 눈이 빠질 정도로 간절히 기도하면서 하나님의 위로와 은총을 구했던 것처럼 우리도 자신을 위해서와 남을 위해 집중해서 중보하며 기도하는 것은 기분 좋은 일일뿐만 아니라 **누군가의 영혼 지킴이**가 되는 것입니다.

중보기도는 하는 사람이나 그 대상 모두에게 복이 됩니다.

해 뜨는 집

"그는 돋는 해의 아침 빛 같고 구름 없는 아침 같고 비 내린 후의 광선으로 땅에서 움이 돋는 새 풀 같으니라 하시도다"(사무엘하 23장 4절)

저는 제 옷 가운데 상표 없는 티셔츠 입기를 좋아합니다.

이유는 가격이 싸기도 하고, 광고판이 되지 않아서 이기도 하지만 그보다 더 큰 이유는 그 티셔츠를 자녀들이 어릴 적에 결혼기념일 선물로 사 준 것이기 때문입니다.

저는 동향집을 좋아합니다.

이유는 같은 값의 동향집은 남향집보다 훨씬 더 넓습니다.

그보다 더 중요한 이유는(굳이 간절곶이나 호미곶, 정동진에 가지 않아도)

매일 아침 거실 유리 전면에 떠오르는

뜨거운 아침 해를 볼 수 있기 때문입니다.

그 해 하나로 온 세상을 비추듯이

내 마음에 의(義)의 태양이 먼저 떴으면 좋겠습니다.

거룩한 사랑

"악을 행하는 각 사람의 영에는 환난과 곤고가 있으리니
먼저는 유대인에게요 그리고 헬라인에게며"
(로마서 2장 9절)

 예수 믿는 사람과 믿지 않는 사람 두 사람이 같이
도둑질을 했는데 믿는 사람만 들켰습니다.

그럴 때 둘 다 걸리지 않든지, 믿는 자가 걸리지
않는다고 하면 그것은 다행한 것이 아니라 불행한 것입니다.
예수 믿는 사람이 세상에서 부정과 부패를 일삼고도 아무 일이
없으면 그 사람은 **하나님이 버린 사람**입니다.

들키고 붙잡히고 대가를 치르는 것이 오히려 복입니다.

"징계가 없으면 사생자요 참 아들이 아니니라"(히 12:8)했습니다.

하나님이 택한 백성 유대인을 먼저 심판하시듯이 믿는 자를 망
신을 주고 대가를 치르게 하셔서라도 깨닫고 돌이키게 하시는
것이 **아버지 하나님의 사랑**인 것을 뒤늦게 깨닫습니다.

착한 열매

"이같이 너희 빛이 사람 앞에 비치게 하여 그들로 너희 착한 행실을 보고 하늘에 계신 너희 아버지께 영광을 돌리게 하라"(마태복음 5장 16절)

 문무대왕의 수중릉이 있는 대본해수욕장 모래사장을 걷다가 커다란 바위들이 보기 좋아서 가까이 가보고는 크게 실망했습니다.

바위들 곳곳이 검게 그을려 있었고, 그중에 몇 곳은 아직도 타다 남은 종이컵 속의 양초가 타오르면서 바위를 검고 흉하게 만들고 있었습니다.

빛은 좋은 것이고, 불은 유용한 도구이지만 잘못 사용될 때 자연을 훼손하고 보는 이들의 눈살을 찌푸리게 만들고 마는 것입니다.

우리가 하는 행동이 누구 앞에서나 거리낌이 없고 그 결과가 착한 열매로 나타나서 **하나님과 이웃의 얼굴에 미소**가 번졌으면 좋겠습니다.

제자 사랑

"내가 주와 또는 선생이 되어 너희 발을 씻었으니 너희도 서로 발을 씻어 주는 것이 옳으니라"(요한복음 13장 14절)

 한국의 동쪽에 있다는 뜻의 한동대학교의 김영길 초대 총장님을 모시고 제가 사역하는 교회에서 창조와 진화 그리고 구원에 관한 말씀을 듣는 기회가 있었습니다.

총장님과 함께 초대된 '피치 파이프(Pitch pipe)'라는 아카펠라 동아리 멤버들이 총장님과 눈인사라도 한 번 나누려고 애쓰는 모습이 여느 대학생들과 달랐습니다.

김영길 총장님 역시 학생들을 보고 그냥 지나치는 법이 없었습니다. 남학생들도 안아주고 여학생들은 비스듬히 안아주며 사랑으로 격려하는 모습은 보는 이들을 흐뭇하게 했습니다.

총장님은 학교를 순회하시는 동안 학생식당에서 값싼 음식을 드시며 밝은 미소와 함께 학생들의 어깨를 두드려 격려하시는 모습을 본 적이 있습니다.

제자들의 발을 씻기시던 **주님 닮은 스승들**이 이 땅에 더 많아졌으면 좋겠습니다.

엘리야 체험

"엘리야는 우리와 성정이 같은 사람이로되 그가 비가 오지 않기를 간절히 기도한즉 삼 년 육 개월 동안 땅에 비가 오지 아니하고"(야고보서 5장 17절)

 2009년 4월 25일은 제9회 지역 기관단체 친선 족구대회가 있는 날이었습니다.

일기 예보 상으로는 전날부터 행사 일까지 비가 오는 것으로 되어 있었습니다.

행사 전날, 심야 기도회 시간에 엘리야 한 사람의 믿음의 기도에 응답하셔서 하늘 문을 닫기도 하시고 열기도 하셨던 하나님께 천기도(天氣圖)를 바꾸어 달라고 간절하게 기도했습니다.

행사일 새벽까지도 비는 계속해서 내렸습니다.

행사가 시작되기 한 시간 전 즈음에 기적과도 같이 비가 멈추었습니다.

물 청소와 함께 더위를 식혀주셔서 16개 기관 및 단체가 화합하는 최상의 복을 누렸습니다.

기도를 들으시는 하나님은 오늘도 살아서 역사하십니다.

믿음의 국보 제1호

"너희의 믿음의 역사와 사랑의 수고와 우리 주 예수 그리스도에 대한 소망의 인내를 우리 하나님 아버지 앞에서 끊임없이 기억함이니"(데살로니가전서 1장 3절)

 부흥성회를 앞두고 특별 새벽 기도회를 하는 첫째 날이었습니다.

1남 선교회와 1, 2여전도 회원들의 특송에는 머리가 다 희어진 은퇴 장로님들과 은퇴 권사님들도 여럿이 계셨습니다.

이분들은 58년 교회 역사의 대부분을 함께 하신 분들입니다.

기력은 쇠했지만 아직은 돌아가신 분 없이 예배 출석은 물론이고 봉사에도 여념이 없습니다.

이 어르신들은 우리 교회 국보 제1호, 보물 제1호와 같습니다.

얼마 전에 숭례문이 불타고 나서야 요란을 떨었던 기억이 납니다.

지금 우리 곁에 계신 연로하신 분들이 우리 곁을 떠나게 되면 숭례문이 사라지고 나서 그제서야 호들갑을 떨듯이 후회하지 않도록 **곁에 계실 때 사랑하고 섬겼으면** 합니다.

운세 인생

"내가 또 복술을 네 손에서 끊으리니 네게 다시는 점쟁이가 없게 될 것이며"(미가 5장 12절)

 식당에 앉아서 주문한 음식이 나오기를 기다리고 있다가 식탁 위에 놓여있는 기구가 눈에 들어왔습니다.

12별자리 운세 자판기였습니다.

주전자 둘레처럼 동그랗게 생긴 곳에 사자자리, 처녀자리 같은 별자리가 12개나 있는데 그곳에 100원짜리 동전을 넣고 레버를 옆으로 밀면 자기 운세가 나온다는 것입니다.

불확실한 미래에 대해 불안한 사람들이 꽤나 진지하게 또는 장난삼아 심심풀이로 하고 있습니다.

구약성경에는 하나님께서 미가 선지자를 통해

점치는 자들과 마술을 행하는 자들을

우상숭배와 같이 미워하시고

진노와 분노로 갚으신다고 하신 것을

기억해야 할 것입니다.

칭찬 전략

"육신을 따라 난 이스라엘을 보라 제물을 먹는 자들이 제
단에 참여하는 자들이 아니냐"(고린도전서 10장 18절)

머리를 굴려서 장자권을 탈취하고 도망치다시피
해서 20년의 세월이 흘러 고향으로 돌아오려 할
때, 외나무다리에서 형 에서와 400명의 군졸을
만납니다. 이 위기를 넘길 수 있었던 **야곱의 전략은 칭찬 전략**
이었습니다.

야곱은 에서 앞에 나아갈 때, "내가 형님의 얼굴을 뵈온즉
하나님의 얼굴을 본 것 같사오며"라고 극구 칭찬했습니다.

창세기 33장에서 야곱이 에서에게서 본 '하나님의 얼굴'은 미
사여구가 아니라 그 '얼(굴)'에서 '에서의 영(靈)'을 보고 한 말입
니다.

'얼굴'의 다른 말은 '얼꼴'인데, '꼴'은 모양을 말하지만 '얼'은 영
을 말하는 것이기 때문입니다.

자기 자랑과 자기 칭찬을 멈추고,

주안에서 자랑하고 남을 칭찬할 때

하나님으로부터 칭찬이 있을 것입니다. (고전 4:5)

탐욕과 자족

"네 이웃의 집을 탐내지 말라 네 이웃의 아내나 그의 남종이나 그의 여종이나 그의 소나 그의 나귀나 무릇 네 이웃의 소유를 탐내지 말라"(출애굽기 20장 17절)

 십계명 중 아홉 번째 계명은 외형적 행동에 관한 계명이라고 하면, 열 번째 계명은 내면적 탐욕에 관한 것이어서 가장 어려운 계명이라고 할 수 있습니다.

앞서 아홉 가지 계명을 거스르기란 쉬운 일이 아니지만 탐심의 죄는 하루에도 열 번, 스무 번씩 저지를 수 있는 죄입니다.

탐심은 본능이어서 자신이 결심한다고 해서 해결되는 문제가 아닙니다. **영적인 거룩한 욕심으로의 확실한 방향 전환**이 있어야 가능한 것입니다.

방글라데시 치타공 해변의 선박 해체 노동자들이 맨손으로 안전장비 하나 없이 죽도록 일하고도 하루 1, 2달러를 받는 것을 생각해보면 우리는 얼마든지 감사하고 자족할 수 있지 않을까요?

자족하는 마음이 탐심을 이기게 합시다.

민수기 다시 보기

"너희가 그 땅을 정탐한 날 수인 사십 일의 하루를 일 년으로 쳐서 그 사십 년간 너희의 죄악을 담당할지니 너희는 그제서야 내가 싫어하면 어떻게 되는지를 알리라"(민수기 14장 34절)

 창, 출, 레, 민, 신을 모세오경이라고 부르지만 창세기와 출애굽기의 위용에 가려지고, 레위기의 5대 제사 7대 절기와 신명기 사이에 기록된 민수기는 특별한 관심을 끌지 못한 채 앞뒤 책들에 가려지는 경향이 있습니다.

그러나 민수기를 자세히 읽어보면 우리가 그동안 궁금해했던 것들의 해답과 근거의 상당수를 담고 있음을 알 수 있습니다.

이스라엘 백성들이 왜 광야에서 40년을 방황하고

소멸되었는지?(14:34)

이스라엘의 영도자인 모세가 왜 가나안 땅에

들어가지 못했는지?(20:11, 12)

교회는 왜 민주주의 위에 신정 주의를

구현해야 하는지?(13:30~33)

세우신 지도자에게 어떻게 권위를 부여하시는지?(17:8)에 관한 세밀한 이야기를 마치 **엄마가 자녀들에게 전하듯이** 전해주고 계시는 것을 느낄 수 있습니다.

영양 효자

"네 부모를 공경하라 그리하면 네 하나님 여호와가 네게 준 땅에서 네 생명이 길리라"(출애굽기 20장 12절)

 경북 영양에서 전해 들은 효자 이야기입니다.

영양군 영양읍 대천리에서 태어난 오삼성(吳三省, 1641~1714)은 어려서부터 효성이 지극했습니다.

어느 날 밤에 부친이 잠을 자는데 칼과 몽둥이를 든 수 십 명의 강도가 들어와서

아버지를 협박하자, '나를 찌르고 부친은 상하지 말라'며

온몸으로 부친을 감싸 안았습니다.

강도들은 오삼성의 어깨와 겨드랑이를

너 댓 곳이나 찔렀지만 비켜나지 않자

효심에 감동해서 물러갔다는 실화입니다.

효성에는 강도도 감동하는 법입니다.

부모를 공경하는 자에게

하나님은 장수의 복으로 갚아주십니다.

신들의 전쟁

"너는 나 외에는 다른 신들을 네게 두지 말라"
(출애굽기 20장 3절)

 현재 그리스의 수도 아테네의 옛 이름인 아덴(Athens)은 수호신 '아테나(Athena)'라는 이름에서 따온 것으로 봅니다.

아덴 사람들이 '알지 못하는 신(神)'까지 섬겼을 정도로 수많은 신들을 섬겼듯이(행 17:22), 우리 민족도 가난하고 어려운 시절, 불행을 막고 복을 얻고자 집안 곳곳에 각종 신을 모셨고, 햇곡식이 나거나, 좋고 나쁜 일이 일어나면 수시로 정성껏 제물을 마련해 기도를 드렸습니다.

이처럼 종교성이 짙은 우리 민족이 이제는 더 이상 용단지나 성주상과 삼신 바가지와 정화수가 아닌 살아계시고 참되신 하나님만 섬겨서 천대까지 은혜와 복을 받는 민족이 되기를 기원합니다.

두 할머니의 최후

"세상 끝에도 이러하리라 천사들이 와서 의인 중에서 악인을 갈라 내어 풀무 불에 던져 넣으리니 거기서 울며 이를 갈리라"(마태복음 13장 49, 50절)

 제가 신학대학교에 재학 중에 경험한 것인데 지금도 잊히지 않는 일이 있습니다.

부친이 목회하시던 문경읍에서 두 할머니가 같은 날 돌아가셨는데, 한 할머니는 고요히 잠을 자듯이 편안한 모습으로 숨을 거두셨습니다. 하지만 다른 할머니는 말로 표현하기 곤란할 정도로 온 방을 헤집고 다니면서 악을 쓰고 온 방에 인분을 바르는 소동 후에 돌아가셨습니다.

고요히 잠드셨던 분은 예수를 믿고 천국 갈 준비가 되어 있었지만, 다른 할머니는 사는데 급해서 죽음 이후를 준비하지 못했던 차이였습니다.

우리는 지금 어떤 죽음을 준비하며 살고 있습니까?

웰빙 이상으로 중요한 것이 웰다잉입니다.

주는 자가 받을 복

"주라 그리하면 너희에게 줄 것이니 곧 후히 되어 누르고
흔들어 넘치도록 하여 너희에게 안겨 주리라"
(누가복음 6장 38절)

 반가운 소식을 들었습니다. 장래에 대한 비전이
크고 분명한 한 자매가 자기 교회 목사님의 박사
과정 등록금을 자청해서 부담했습니다.

기왕이면 자기 교회 목사님을 돕는 일을 누구에게 빼앗기고 싶지
않았다는 것입니다.

서울의 모 대학 총장실에서 근무하던 그 자매는 바로 목사님의
큰 딸이었습니다.

또한 그 자매는 자신이 근무하는 학교로부터 등록금을 전액 지
원 받아 대학원을 전액 장학생으로 다니는 특전을 얻었다는 것
입니다.

우연이 아닌 필연이자 하나님의 은혜가 드러나는 첫 번째 사
건이어서 다음번이 더욱 기대가 됩니다.

가만히 들어온 사람

"이는 가만히 들어온 사람 몇이 있음이라 그들은 옛적부터 이 판결을 받기로 미리 기록된 자니 경건하지 아니하여 우리 하나님의 은혜를 도리어 방탕한 것으로 바꾸고 홀로 하나이신 주재 곧 우리 주 예수 그리스도를 부인하는 자니라"(유다서 1장 4절)

 몇 해 전 수목원에서 기르던 이리 한 마리가 우리를 탈출해 소동을 벌인 사건이 있었고, 또 한 가지는 해외 명품의 짝퉁을 5만 5천 점이나 제조 판매하던 이들이 입건되는 일도 있었습니다.

그와 유사한 일들이 지금 한국교회 안에도 일어나고 있습니다.

한기총(한국기독교총연합)에서는 최근에 한국교회를 가장 어지럽히는 이단과 사이비로 (통일교와 여호와의 증인에 이어서) 신천지를 주목하고 있습니다.

이들은 교회에 추수꾼을 가만히 침투시켜서 교인들을 미혹하고 있습니다.(교회를 신천지화하는 것을 목표로 하고 있습니다.)

계시록의 '십사만 사천'을 자기들의 신천지 증거장막에 들어온 사람의 숫자로 자의적으로 해석하면서 자기들에게만 구원이 있다고 주장하는, 성경도 신학도 없는 엉터리들입니다.

이들은 우리 영혼을 잡아먹는 **영적 이리요, 비 복음이자 짝퉁**입니다. 가만히 들어온 몇 사람을 조심하고, 믿음과 진리를 지켜가는 지혜로운 성도들이 되시기를 원합니다.

그날을 꿈꾸며

"여호와께서 시온의 포로를 돌려 보내실 때에 우리는 꿈 꾸는 것 같았도다"(시편 126편 1절)

 전날 일찍 잠자리에 누웠습니다.
푹 자고 일어난 새벽에 몇 가지 일을 하고 잠시 눈을 붙였습니다.

얼마 후 꿈을 꾸다가 기분 좋게 잠이 확 달아나면서 몸도 마음도 가뿐하게 일어난 적이 있습니다.

주로 늦게 자고 일찍 일어나는 편이어서 그날의 경험은 아주 특별했습니다.

맑은 정신과 상쾌한 마음으로 몸이 저절로 일으켜지는 것 같았습니다.

후일에 이 세상의 긴 잠에서 깨어날 때는 이 날의 가뿐한 상태와도 비교할 수 없는 기쁨과 환희로 하나님의 얼굴을 친히 뵈올 것입니다.

천상의 소리

"너희 말을 항상 은혜 가운데서 소금으로 맛을 냄과 같이
하라 그리하면 각 사람에게 마땅히 대답할 것을 알리라"
(골로새서 4장 6절)

 새벽 기도를 마치고 막 집에 도착한 시각에 몇 달
전부터 요양병원에 입원 중이시던 김(언년) 집사님
이 위독하시다는 연락을 받았습니다.

곧 바로 심방을 가보니 숨이 가쁜 상태였고 눈도 뜨지 못하는, 거
의 혼수상태였습니다.

그래도 청각 기능은 마지막까지 살아있다는 확신에 간단히
영생의 소망에 관한 말씀을 전하고 나서 김 집사님과 가족들을
위해서 간절히 기도했습니다.

그리고 그날 오후에 별세하셨는데 가족들의 말에 따르면 전혀
반응이 없으시던 분이 잠시 의식을 회복하시고, 말도 하시면서
목사가 기도하고 간 것을 아시더라는 것입니다.

기력이 없으신 중에도 청각에 들려진 하나님의 말씀과 기도가 천
상의 소리가 되고 지금 그분은 천국의 시민이 되셨습니다.

햇볕 정책

"지혜는 유산 같이 아름답고 햇빛을 보는 자에게 유익이
되도다"(전도서 7장 11절)

 건강하게 살고자 하면 균형 잡힌 식사와 규칙적
인 운동과 금주, 금연이 필수입니다.

여기에 한 가지를 덧붙이면, 매일매일 햇볕 쬐는
시간을 꼭 가지라는 것입니다.

흔히들 "봄볕엔 며느리를, 가을볕엔 딸을 내보내라"는 말이 있습
니다.

하지만 방안에만 있어서 하얘진 딸보다는 야외 일을 해서 적당
히 선탠이 된 며느리가 더 건강하게 오래 사는 것은 창조주의 햇
볕 정책이 아닐까요?

햇볕이 주는 유익은 비타민 D의 생산으로 뼈와 정신 그리고 마
음까지 건강하게 해주는 유익이 있습니다.

하루 중 오후 시간에 햇볕을 쬐며 차 한 잔을 나누는 **10분의 여
유**로 우리 모두 더 건강해졌으면 좋겠습니다.

선택이 결과다

"그러므로 롯이 요단 온 지역을 택하고 동으로 옮기니 그들이 서로 떠난지라"(창세기 13장 11절)

 성경에는 믿음의 조상이라 부르는 아브라함과 그의 조카 롯이 분가하면서 롯은 소돔과 고모라를 택하고 아브라함은 가나안 땅에 거주한 이후 능히 셀 수 없는 축복을 받았습니다. 하지만 롯은 타락하여 유황불의 심판을 받았습니다.

우리교회 조(현덕) 집사님은 젊은 날 청송에 살면서 논밭으로 일하러 가다가 술집에서 하루를 보낸 일이 허다했다고 합니다.

어느 날, 예수를 믿어야 술을 끊고 도시에 가야 먹고살겠다는 깨달음에 한 달 생활비만 들고 울산에 와서 스스로 교회에 등록하여 오늘날 안수집사가 되었고 자녀들도 믿음 안에서 승리하는 삶을 살고 있습니다.

오늘 지금 나의 선택이 내일 나의 미래의 청사진인 것을 기억하심으로 오늘도 바른 선택을 하도록 기도합시다.

행복 설계사

"사랑은 오래 참고 사랑은 온유하며 시기하지 아니하며 사랑은 자랑하지 아니하며 교만하지 아니하며… 모든 것을 참으며 모든 것을 믿으며 모든 것을 바라며 모든 것을 견디느니라"(고린도전서 13장 4, 7절)

 돌이켜 보니 저는 집을 하숙집처럼 쓰는 사람이었습니다.

새벽 기도회를 다녀오면 책이나 신문을 읽다가 식탁에서 가정예배와 식사 후, 출근하고 나면 저녁 먹으러 잠시 들어왔다가 교회의 저녁 모임이나 강의를 하러 다시 나갑니다. 그리고는 대개 밤 10시가 넘어서야 집에 옵니다. 아내에게만 묵시적으로 인내와 온유를 강요했던 것을 깨달았습니다.

하루는 아내에게 미안한 생각이 들어 마음이 담긴 문자를 한 통 보냈습니다.

답장에는 '애정결핍'인데 문자 받고 쪼끔 채워졌다고…

그래서 그날부터 마음을 바꾸었습니다.

아내의 '행복 설계사'가 되겠다고 말입니다.

매일같이 아내의 얼굴에 미소를 그려 넣는 행복 설계사가 되었으면 합니다.

부부는 서로의 행복 설계사임을 잊지 마십시오.

예배와 원망

"욥이 일어나 겉옷을 찢고 머리털을 밀고 땅에 엎드려 예배하며… 이 모든 일에 욥이 범죄하지 아니하고 하나님을 향하여 원망하지 아니하니라"(욥기 1장 20, 22절)

욥기 1장에는 천상의 대화가 나옵니다.
이것은 천상의 세계가 있다는 증거입니다.
하나님과 사탄이 욥을 두고 시험합니다.
사탄은 temptation 즉 유혹의 시험을 했고,
하나님은 test 즉 승급 심사를 한 것입니다.
욥은 사탄의 temptation에 넘어가지 아니하고
하나님의 test를 잘 통과함으로 배나 되는 복을 받았습니다.
욥을 통해 배우는 중요한 태도는
고난이 올 때, 욥은 하나님을 예배했고
예배하는 자로서 입술과 가슴에서
원망을 지워버렸다는 사실입니다.
예배하든지 원망하든지
이제 우리는 둘 중에 하나만 택해야 합니다.

끝까지 하는 충성

"여호와께서 모세와 아론에게 이르시되 너희가 나를 믿지 아니하고 이스라엘 자손의 목전에서 내 거룩함을 나타내지 아니한 고로 너희는 이 회중을 내가 그들에게 준 땅으로 인도하여 들이지 못하리라 하시니라"
(민수기 20장 12절)

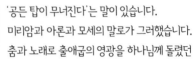 '공든 탑이 무너진다'는 말이 있습니다.
미리암과 아론과 모세의 말로가 그러했습니다.

춤과 노래로 출애굽의 영광을 하나님께 돌렸던 미리암의 모세를 비방함, 모세의 대변자로서 모세와 함께 회중들로부터 죽을 뻔한 위기를 당하기까지 했던 아론의 우상숭배, 반석을 향해 '명령하라'하신 두 번째 명령을 거슬러 반석을 내리쳤던 모세의 혈기와 불순종이…. 이로인해 출애굽의 주역인 세 사람 모두가 가나안에 들어가지 못하는 비극의 주인공이 되고 말았습니다.

우리 피 속에 있는 **혈기**와 살 속에 있는 **정욕**과
뼈 속에 있는 **악독**을 다스리게 하소서!
우리 모두의 기도제목이 되기를 소원합니다.

불평 제로 프로젝트

"범사에 감사하라 이것이 그리스도 예수 안에서 너희를
향하신 하나님의 뜻이니라"(데살로니가전서 5장 18절)

 '불평 제로 프로젝트' 운동이 있습니다.

이 운동을 시작한 윌 보웬 목사님은 자신이 평소
에 너무 많은 불평을 하는 것을 깨닫고 나서 보라
색 밴드를 손목에 차고 다니면서 불평의 언어가 나올 때마다 다
른 손목으로 옮기는 일을 해보면서 (자신이 얼마나 불평을 하면서 살고
있는가 하는 것을 확인할 수 있었고) 적어도 21일 간만이라도 불평을 하
지 않고 살아가자는 목표를 세웠다는 것입니다.

왜냐하면 21일이라고 하는 기간은 어떤 것을 **자신의 습관으
로 만들기 위해 필요한 최소한의 시간**이라는 것입니다.

우리도 입술에서 불평이 튀어나오려고 하거든 보라색 밴드가 없
으면 손목시계라도 왼쪽에서 오른쪽으로 옮기고 오른쪽에서 왼
쪽으로 옮겨 보십시오. (손목시계를 안 차거든 손에 쥔 휴대폰이라도 반대
편으로 옮겨보십시오.)

그렇게 해서라도 올 한 해는 불평 제로, 감사 충만한 삶에 도전
해 보시기를 바랍니다.

끝과 시작

"일의 끝이 시작보다 낫고 참는 마음이 교만한 마음보다 나으니 급한 마음으로 노를 발하지 말라 노는 우매한 자들의 품에 머무름이니라"(전도서 7장 8, 9절)

 모든 일에는 시작과 끝이 있습니다.
아침에는 많은 일들을 계획하고 시작하지만 곧 저녁이 돌아오고 우리는 모두 집으로 향하게 될 것입니다. (1교시 수업을 알리는 벨이 울리는가 하면 마지막 수업을 마치는 벨소리도 듣게 될 것입니다.)
입대하는 날이 있는가 하면 제대 명령을 받을 때가 옵니다.
출생하는 때가 있지만 임종을 향하는 시작인 셈입니다.
시작이 비록 힘들어도 끝이 있음을 아는 사람은 낙심하지 않고 그 일에 매진하게 되는 것입니다.
옛날이 오늘보다 낫다고 하거나 지금 좀 힘들다고 일과 삶을 포기하지 마십시오.
제대를 앞둔 병장이 이등병 시절로 돌아가고 싶어 하지 않듯이 50대 후반인 저는 30대로 시계 추를 돌리고 싶은 생각이 없습니다.
아쉬움이 있지만 나름대로 애써 살아왔기에 지금이 그때보다 낫다고 여기며 차라리 **오늘에 충실**하며 살려고 합니다.

잘라내야 할 죄

"너희가 죄와 싸우되 아직 피흘리기까지는 대항하지 아니하고" (히브리서 12장 4절)

 악한 마귀와의 싸움은 **피해서 이겨야 할 싸움**이 있는가 하면 정면으로 **대적해서 싸워야 할 싸움**이 있습니다. 정욕의 시험은 피해야 이기지만 나머지 모든 싸움은 대적해서 싸워 이겨야 하는 것입니다.

빌리 선데이(Billy Sunday)의 가르침에 따르면

"나는 죄와 맞서겠다. 내게 발이 있는 한, 죄를 걷어차겠다.

내게 주먹이 있는 한, 죄와 싸우겠다.

내게 머리가 있는 한, 죄를 들이받겠다.

내게 이가 있는 한, 죄를 물어뜯겠다"라고 했습니다.

죄는 나와 하나님의 사이를 갈라지게 만듭니다.

무엇이든지 당신으로 하여금 죄를 짓게 만들거든

그것을 과감하게 잘라내야 할 것입니다.

지금 내가 '잘라내야 할 죄'는 무엇인지를 생각해 보시고

죄를 짓게 하는 마귀와는 피 흘리기까지

처절하게 싸워서 승리하실 수 있기를 바랍니다.

만장일치와 대의민주주의

"아버지여, 아버지께서 내 안에, 내가 아버지 안에 있는 것 같이 그들도 다 하나가 되어 우리 안에 있게 하사 세상으로 아버지께서 나를 보내신 것을 믿게 하옵소서"
(요한복음 17장 21절)

 예수님은 십자가를 앞둔 시점에서 제자들이 하나가 되기를 간절히 기도했습니다. 오늘날도 교회는 이처럼 하나 됨을 힘써야 할 것입니다.

그러나 한편으로 다양한 생각을 가진 사람들이 모인 공동체에서 항상 같은 의견을 가지기란 어려운 것이 사실입니다.

만장일치가 아니면 결정하지 않으셨던 영락교회 한경직 목사님의 경우에도 당회원 소수의 반대로 교회 옆 가톨릭 평화방송·평화신문 건물을 사들이지 못해서 아직도 부지가 반듯하지 못하고, 지하 주차장을 파지 못했던 것은 지금도 교회 발전에 장애가 되고 있습니다.

그래서 대의민주주의 방식에 **다수결**을 두고 있는 것입니다.

굳이 반대할 일이 아닐 때는 **반대를 접는 것**도 큰 용기와 보탬이 될 것입니다.

술은 마약

"술 취하지 말라 이는 방탕한 것이니 오직 성령으로 충만함을 받으라"(에베소서 5장 18절)

 저희 교회에 연세가 많으신 김(영도) 집사님은 젊은 날에는 매일 같이 막걸리를 사서 집으로 들어가는 것이 일과 중에 하나였습니다.

그러나 지금은 술은 입에 대지도 않을 뿐만 아니라 새벽에 제일 먼저 교회에 도착해서 통성으로 기도하는 것으로 하루를 시작합니다.

혈색과 얼굴의 표정이 나날이 좋아져갑니다.

보건복지부 발표에 따르면 우리나라 청소년이 음주를 시작하는 (초등학교 이하가 41.6%, 중학교 44.1%, 고등학교 6.7%로) 평균 나이는 13.4세라고 합니다.

술은 음료수가 아니라 향정신성 물질이어서

(인체 내에 들어왔을 때)인간의 (대뇌에 작용함으로) 정신 상태의 변동을 일으키는 마약의 일종인 셈입니다.

술이 자신을 지배하지 못하게 하십시오.

성령이 나를 이끄시도록 할 때 성공적인 삶이 보장될 것입니다.

신뢰에 대하여

"만일 서로 물고 먹으면 피차 멸망할까 조심하라"
(갈라디아서 5장 15절)

 역사는 물같이 흐르고, 20세기에서 21세기로 바뀌어도 인간 사회에 변하지 않는 것이 있습니다. '서로 물고 먹는 것'입니다.

신뢰를 놓고 분파하고 서로 다투는 것은 피차에 유익이 없습니다.

대결과 대립의 끝은 상처와 분열 밖에 남을 것이 없습니다.

신뢰는 대립을 통해서는 도무지 얻을 수 없는 양보의 미덕과 자기부정의 가치입니다. (교회나 국회 안에도 폭언과 폭행이 없는 예수 그리스도께서 몸소 보여 주신 사랑과 용서가 넘쳐 나야 합니다.)

장로교회의 정치체제나 국회의 공통점은 서로 상대방의 의견을 경청하고 절충함으로 공존하고 상생하는 것입니다.

이제는 교회에도 국회에도 사랑과 용서, 이해와 섬김이 핵심가치가 되기를 기도합시다.

파이팅 문화 바꾸기

"이르시되 너도 오늘 평화에 관한 일을 알았더라면 좋을
뻔하였거니와 지금 네 눈에 숨겨졌도다"
(누가복음 19장 42절)

 권투를 하거나 운동선수들이 시합을 할 때에 주
로 외치는 구호는 '파이팅'(fighting)입니다.

요즈음은 운동선수 외에도 많은 사람들이 즐겨
사용합니다.

파이팅의 뜻을 알고 보면 '잘 싸우자!'는 것입니다.

그래서인지 우리 사회 전반에는 전투적이고

경쟁적인 문화가 지배하고 있는 것을 봅니다.

서로 계속 싸워서 어떻게 하겠다는 것입니까?

이제는 파이팅의 문화를

하이파이브(high five)의 문화로 바꾸어 보는 것은

어떨까요?

승자와 패자를 만드는 문화가 아닌

모두를 영웅으로 만드는

평화운동이자 피스(peace) 문화를 시작해야 할 때입니다.

추기경의 몸에 밴 태도

"여자들도 이와 같이 정숙하고 모함하지 아니하며 절제
하며 모든 일에 충성된 자라야 할지니라"
(디모데전서 3장 11절)

 가까이 지내는 분과 담소를 나누다가 집안 식구
인 정진석 추기경의 생활 속 이야기를 잠시 듣게
되었습니다.

하루 중 정한 시간에 글을 쓰고 그 글을 모아서 매년 책으로 엮
어 내는데 원고지는 항상 신문에 끼어 들어오는 간지의 이면지라
는 것입니다.

내가 번 것은 내 것이고

내 것은 내 마음대로 써도 된다는 사고방식이 팽배한 요즈음 시
대에 충분히 누릴 수 있는 위치에 있으면서도

낭비할 권리를 거부하는 추기경의 몸에 밴 성실과 절제의 태
도가 오늘을 사는 우리에게 도전이 되었으면 합니다.

야~ 이 인간 같은 돼지야!?

"그가 돼지 먹는 쥐엄 열매로 배를 채우고자 하되 주는 자가 없는지라"(누가복음 15장 16절)

 우리가 흔히 많이 먹는 사람을 가리켜서 "야~ 이 돼지 같은 놈아!"라고 하지만 정작 돼지는 우리가 일반적으로 생각하는 것보다 많이 먹지 않아 위를 가득 채우는 법이 없다고 합니다. 그래서 식욕부진인 돼지에게 심지어는 식욕을 촉진시키기도 한다고 합니다.

그런데 사람들 중에는 **식탐**으로 인해 너무 많이 먹어서 위하수나 위궤양, 위염 등으로 고생하는 경우가 많이 있습니다.

어쩌면 돼지들이 위가 늘어나도록 먹는 돼지들에게 "야~ 이 인간 같은 돼지야!"라고 하지는 않을까요?

특히나 돼지고기 소비가 많은 우리나라 사람들이 오히려 돼지에게 적당히 먹는 것을 배워야 하지는 않을는지 조심스레 걱정해 볼 일입니다.

용서는 어렵지 않다

"너희가 사람의 잘못을 용서하지 아니하면 너희 아버지
께서도 너희 잘못을 용서하지 아니하시리라"
(마태복음 6장 15절)

 짬짬이 읽던 책에서 받은 감동이 여운으로 남아
있는 말이 있습니다.

「그 사람이 너의 두 아들을 죽이지는 않았지?」라
는 말입니다.

'사랑의 원자탄'으로 불리는 손양원 목사님이 자신의 두 아들을
무참히 총살한 살인자를 양아들로 삼은 것은 인간으로서는 하기
어려운 결단입니다.

살다가 보면 미운 사람도 있고, 섭섭한 사람도 있고 용서가 안
되는 사람도 있을 수 있습니다.

그럴 때마다 되뇌어 보아야 할 말이 있습니다.

'그 사람이 너의 두 아들을 죽이지는 않았지?'

아들 둘을 둔 저는 그 어떤 질문보다 가슴에 와닿습니다.

그 질문 앞에 용서하지 못할 사람은 있을 수 없습니다.

조각가의 시작

"비판을 받지 아니하려거든 비판하지 말라"
(마태복음 7장 1절)

 조각가가 작품을 처음 만들 때의 이야기를 듣고 고개를 끄덕였던 적이 있습니다.

특별히 얼굴을 조각할 때 대게는 '코는 좀 크게 그리고 눈은 좀 작게 시작 한다'는 것입니다.

어떻게 생각해보면 못난이를 만들 것 같지만 그렇게 하는 이유는 코는 좀 크면 작게 만들 수 있고, 눈은 좀 작으면 크게 만들 수 있기 때문입니다.

조각가의 맨 처음 끌질이 완전할 수 없듯이 우리의 생각이나 행동도 완전할 수 없습니다.

그러므로 내 판단이 항상 옳을 수 없다는 것을 인정하면서 남을 비판하지 말아야 하겠습니다.

비판은 항상 부메랑 효과를 가져옵니다.

유언과 약속 이행

"내가 너희에게 분부한 모든 것을 가르쳐 지키게 하라 볼 지어다 내가 세상 끝날까지 너희와 항상 함께 있으리라 하시니라"(마태복음 28장 20절)

 소그룹으로 구성된 열린 전도 모임에 나온 중년의 남자분이 계셨습니다.

모임에는 적극적으로 참석하셨지만 교회 출석에 는 미온적이었습니다.

그러던 어느 날 교회에 첫걸음을 하셨고, 주일에 꾸준히 나오셨 습니다.

그것만 해도 반갑고 다행인데 얼마 전에는 세례 문답 신청을 하 신 것입니다.

당회 문답 중에 어떻게 해서 교회에 나오시게 되었고 세례를 받 게 되었는지 묻는 물음에 돌아온 대답은 단순했습니다.

어머님이 돌아가시기 전에 남기신 유언이 "예수 믿으라"는 것이었 다고 했습니다.

부모의 유언은 **믿음의 유언**이어야 하고, 자식은 부모의 유언에 순종하는 것이 복받는 길입니다.

동상이몽(同床異夢)

"베들레헴으로 보내며 이르되 가서 아기에 대하여 자세히 알아보고 찾거든 내게 고하여 나도 가서 그에게 경배하게 하라"(마태복음 2장 8절)

 신학대학교를 졸업하기 전, 형제애로 모인 열두 형제모임이 있습니다. 해마다 여름에는 총회로, 겨울에는 친목모임으로 모이면서 애경사마다 함께해 온 지 30년이 훌쩍 넘었습니다.

이번 총회 모임은 맏형 되시는 목사님의 아파트에서 가졌는데 그 집에는 11년째 기르고 있는 '달래'라는 이름의 하얀 고양이가 있었습니다.

고양이는 개와 다르게 독립적인 동물이어서인지 많은 사람이 모여 있어도 아랑곳하지 않고 유유히 가로질러 다니는 것을 보면서 '어쩌면 **자기도 사람인 줄 알거나**, 먹이를 챙겨주고 돌보는 **주인을 몸종으로 여기는 것은 아닐까?**'하는 생각이 드는 것은 나만의 착각일까요?

성령 충만

"그들이 다 성령의 충만함을 받고 성령이 말하게 하심을
따라 다른 언어들로 말하기를 시작하니라"
(사도행전 2장 4절)

 차를 운전해서 다니면서 너무 바쁠 때는
계기판에 기름이 다 떨어져 가는 것을 알면서도
기름을 넣지 못할 때가 있습니다.
차를 조금만 더 운행하면 기름이 바닥나서 차가 길 바닥에
서버릴지도 모릅니다.
그리스도인에게도 마찬가지입니다.
예전에 받은 은혜만 생각하고
오늘 주시는 은혜를 사모하고 공급받지 않는다면
건조한 그리스도인이 되거나
무늬만 그리스도인이 될 수도 있습니다.
위로부터 주시는 성령의 충만함을 공급받기 위해
날마다 가난한 심령으로 살아가기를 원합니다.
성령 충만은 **그리스도인으로 살아가는 필요충분조건입**
니다.

평생 기도

"그의 귀를 내게 기울이셨으므로 내가 평생에 기도하리로다" (시편 116편 2절)

 그리스도인임에도 불구하고 갑자기 기도제목을 물으면 당황하는 사람들이 많이 있습니다.

언제 어디서나 기도제목을 물어도 대답할 수 있어야 깨어있는 신앙인이라 할 수 있습니다.

기도할 제목이 얼마나 많습니까?

기도의 제목이 나의 주변만 맴돌게 할 것이 아니라

호수에 던져진 돌멩이의 파장이 점점 더 커져가듯

우리의 중보기도 대상도 더 많아지고

세계로 뻗어 나가야 할 것입니다.

하나님께서 솔로몬에게

'내가 네게 무엇을 줄꼬?'라고 물으셨을 때에

생각나지 않아서 쭈뼛거렸다고 하면

얼마나 큰 낭패였겠습니까?

잠든 신앙은 병든 신앙이요,

오늘도 기도에 깨어있는 성도를

하나님이 들어 사용하십니다.

졸음 마귀

"그들로 깨어 마귀의 올무에서 벗어나 하나님께 사로잡힌 바 되어 그 뜻을 따르게 하실까 함이라"
(디모데후서 2장 26절)

예배는 하나님의 임재와 능력을 체험하는 시간입니다.

예배에는 찬송과 기도와 봉헌과 같이 하나님께 올려드리는 순서가 있는가 하면 설교나 축도와 같이 인간에게로 내려오는 순서가 있습니다.

그중에서도 개신교 예배의 절정은

하나님의 말씀을 대언하는 설교에 있는데

안타깝게도 설교 시간에 졸음을 이기지 못하는 경우가 있습니다.

설교 중에 1분 밖에 졸지 않았다고 생각할지 몰라도

실은 잠깐 못 들은 것이 아니라

그 성도가 **꼭 들어야 할 대목**에서 마귀가 듣지 못하도록

요나처럼 잠에 빠뜨린다는 사실을 놓치지 말아야 합니다.

잠에서 깨어 마귀의 올무에서 벗어나십시오.

공의와 상식

"오직 정의를 물 같이, 공의를 마르지 않는 강 같이 흐르게 할지어다"(아모스 5장 24절)

 호떡 뒤집듯이, 엿장수 마음대로 바꾼 사건이 있었습니다.

KTX울산 역명입니다. 본래 울산역으로 이름 지어 받았는데 어느 날 갑자기 〈통도사〉가 병기명으로 붙어있었습니다.

붙이는 건 얼렁뚱땅 쉽게 했는데, 바로잡고 떼는 것은 무척이나 힘이 들었습니다.

KTX 울산역을 울산역이라 하는 것은 당연한 일이지만 양산의 통도사를 갖다 붙이면 전 국민에게 울산역인지 양산역인지 혼란을 줄 것이고 공공시설에 특정 종교 시설명을 붙이려 했던 것도 애초부터 문제였습니다. 울산기독교연합회의 노력 끝에 **병기명이 부기명이 된 것은 그나마 다행**한 일입니다.

종교편향으로 인한 종교 간 갈등과

사회통합을 저해하는

잘못을 인정하고 바로잡는 것이 진정한 용기요,

정의로운 사회를 만드는 첩경(捷徑) 입니다.

우주창조

"태초에 하나님이 천지를 창조하시니라"(창세기 1장 1절)

영국의 물리학자 스티븐 호킹 박사가 「위대한 설계」라는 책에서 "우주를 탄생시킨 우주의 대폭발인 빅뱅은 신(神)이 아니라 중력의 자연법칙에 의해 저절로 생긴 현상"이라고 주장했습니다.

그렇다면 처음에 중력은 **어떻게 존재했으며** 그 힘은 **누가 만들었는지** 설명해야 할 것입니다. (호킹의 '우연 발생설' 대로 하자면 원숭이가 타자기 앞에서 일생 자판을 두드리다 보면 문장과 문법이 완벽한 책 한 권을 만들어 낼 수도 있다는 말이 됩니다. 또한 인간도 분자들이 무작위로 결합한 집합체에 불과하다는 식이 되고 맙니다.)

절대자는 피조자가 부정한다고 해서 부재하는 존재가 아니라 다만 피조자의 (오판과) 오만 때문에 깨닫지 못하고 보지 못할 뿐입니다.

우주는 신(神)의 존재 없이는 도무지 설명할 수 없고, 자신의 출생 계획조차 알 수 없었던 (유한한) 인간으로서 오묘한 우주 탄생의 신비는 (무한하신) 하나님의 창조섭리 외에는 설명할 길이 없음을 인정하는 것이 사람의 지혜입니다.

교육 효과

"오늘 내가 네게 명하는 이 말씀을 너는 마음에 새기고 네 자녀에게 부지런히 가르치며"(신명기 6장 6, 7절)

 울산성서신학원 이사회에서 나들이를 갔는데 도착한 장소에는 흙과 풀만 남아있는 빈터였습니다.

한때 안동시 일직면 국곡리 **국곡교회**는 그 동네에 안 믿는 사람이 하나도 없었던, 지역의 대표적인 교회였지만 구원파 권신찬 계열의 (소천석) 목사가 부임하면서 예배와 교육이 부실해지자 교회는 흔적도 없이 사라져 버린 것입니다.

반면에 예천의 **상락교회**는 주일 오전에 성경공부를 하고 오후에 주일예배를 드릴 정도로 교육에 중점을 둔 결과 100년이 넘는 역사와 함께 전 총회장 김윤식 목사님을 비롯한 총장과 교수 등 수많은 인재를 배출했습니다.

다음 세대 부흥을 위한 교회 교육에 경종을 울리는 값진 교훈을 얻었습니다.

교육 열매

"마땅히 행할 길을 아이에게 가르치라 그리하면 늙어도 그것을 떠나지 아니하리라"(잠언 22장 6절)

 경북 영주의 **내매 교회**는 교회 교육이 잘 되어서 많은 인재를 배출한 교회로 유명합니다.

내매 마을에는 양지 내매와 음지 내매가 있는데

양지 내매 사람들은 대부분 예수를 믿지 않았고

음지 내매 사람들은 거의 다 예수를 믿었습니다.

그래서 음지 내매에서는 주일에는 우물의 뚜껑도 열지 않았고,

주일에 일하면 동네에서 쫓겨나는 분위기였다고 합니다.

그리고 예수를 믿지 않았던 양지 내매 사람들은

가난하게 살고 있고,

예수를 잘 믿던 음지 내매 사람들은

한결같이 부하게 살았다는 증언을 들었습니다.

음지 내매 출신 중에 서울의 새문안 교회를

담임하셨던 강신명 목사님이 계십니다.

강(신명) 목사님은 음지 교회의 믿음의 열매이기도 합니다.

억지로 면류관

"나가다가 시몬이란 구레네 사람을 만나매 그에게 예수의 십자가를 억지로 지워 가게 하였더라"
(마태복음 27장 32절)

 주의 일을 하는 것은 성도의 사명이자 보람이지만 항상 즐겁고 쉬운 것만은 아닙니다.

그러나 힘들고 어려울 때에라도 그 일을 감당해야 할 이유는 구레네 시몬이 재수 없이 십자가를 억지로 졌지만 그 후에 사도바울이 로마서 16장 13절에서 시몬의 아들 루포와 그의 어머니에게 문안하면서 **"그의 어머니는 곧 내 어머니"** 라고 했을 정도로 **믿음의 복된 가문이 되는 영광**을 누렸습니다.

땅에서도 후손이 잘되고, 하늘에서도 의의 면류관을 받으려면 자원하는 마음이 아니면 억지로라도 십자가를 지는 사람이 복 있는 사람입니다.

지금 혹시 맡고 있는 주의 일이 힘들지는 않으십니까?

그럴지라도 구레네 시몬을 깊이 묵상하십시오.

중독과 제2계명

"나를 사랑하고 내 계명을 지키는 자에게는 천 대까지 은혜를 베푸느니라"(신명기 5장 10절)

 우리가 바쁠 때 먹기도 하는 '샌드위치는 노름이 만든 음식'이라고 합니다.

영국의 (존 몬테규) 샌드위치 4세 백작은 노름광이어서 끼니를 잊고 노름하다가 시장기를 느끼자 한 손에 카드를 들고, 한 손에는 빵 사이에 고기 조각을 넣어서 먹었던 것이 시초여서 그의 이름을 따 '샌드위치'가 된 것입니다.

이 정도면 중독이라고 할 수 있습니다.

오늘날 술과 담배와 도박과 성매매와 컴퓨터에 중독되다 보면 내 인생이 그것들에 의해 그야말로 샌드위치 되어 버릴 수 있고, 더 나아가서 이것은 하나님보다 그것들을 더 사랑함으로 제2계명에 저촉될 수 있습니다.

무엇을 좋아하던지 당신이 **좋아하는 것보다 하나님을 더 사랑**하시기를 바랍니다.

식탁 과일언어

"선악을 알게 하는 나무의 열매는 먹지 말라 네가 먹는 날에는 반드시 죽으리라 하시니라"(창세기 2장 17절)

 우리 집 식탁에는 반찬보다 더 신경 쓰는 것이 과일입니다. 그런데 그 과일에는 언어가 담겨 있습니다.

사과할 일이 있을 때는 사과만 올리고, 감사할 일이 있을 때는 감과 사과를 함께 먹기도 하고, 감사가 배가 될 때는 감과 사과와 배를 함께 먹기도 합니다.

우리 식탁에 사과와 감사와 배가 더 풍성하게 된다면

천국과 같은 가정교회가 될 것입니다.

처음 사람들도 에덴동산에서

불순종의 선악과를 택할 것이 아니라

순종의 생명 실과를 택했더라면

하나님과의 평화와 영생을 누릴 수 있었을 것입니다.

오늘 하루도 **생명 되시는 예수를 택하는** 하루가 되시길 바랍니다.

'나'라는 우상

"너희는 자기를 위하여 우상을 만들지 말지니 조각한 것이나 주상을 세우지 말며 너희 땅에 조각한 석상을 세우고 그에게 경배하지 말라 나는 너희의 하나님 여호와임이니라" (레위기 26장 1절)

 4영리를 아십니까?

4영리(四靈理)의 제4원리에는 나 자신이 내 인생의 주인이고, 그리스도는 내 인생의 밖에 있는 사람과 그리스도가 내 인생의 주인이시고, 나는 왕좌에서 내려와서 모든 일을 그리스도께서 주관하시도록 하는 두 종류의 사람을 소개하고 있습니다.

그런데 실은 **세 번째 종류의 사람**도 있습니다.

그리스도가 내 안에 들어와 계시지만

내가 내 인생과 마음의 왕좌에 앉아있고,

그리스도는 내 마음의 한 편으로 밀려나 있는 경우입니다.

이것은 엄밀히 말하면 나 자신도 모르게 자신이 주가 되어 사는 것입니다.

자기중심적이고 자아 숭배자인 나라고 하는 우상을 십자가에 못박고 그리스도로 나의 주를 삼는 것이 진정한 회개요, 거듭남입니다.

우시는 하나님

"이에 성소 휘장이 위로부터 아래까지 찢어져 둘이 되고 땅이 진동하며 바위가 터지고 무덤들이 열리며 자던 성도의 몸이 많이 일어나되"(마태복음 27장 51, 52절)

집에서 저녁 식사 기도를 하던 중 눈물이 나서 기도를 몇 번이나 멈춘 적이 있습니다.

북한의 연평도 포격 도발 소식 중에 강원도 최전방 초소(GP)에서 군복무 중인 아들을 위해 기도하다가 생긴 일입니다.

아들이 복무하는 초소는 북한의 초소와 800미터를 사이에 두고 있었습니다.

그 일을 통해 깨달은 것이 있습니다.

하나님도 아들을 세상에 보내시고 십자가에 달려 돌아가실 때 휘장을 찢으시며 찢어지는 마음을 표하셨고,

땅이 진동하고 바위가 터지며 무덤이 열리는 것을 통해

하나님의 탄식과 슬픔을 나타내셨다는 것을 알게 되었습니다.

지금도 목회하는 나를 보시며

안타까워 눈물 흘리며 위로하시는 하나님을 봅니다.

만인 제사장

"너희는 택하신 족속이요 왕 같은 제사장들이요 거룩한 나라요 그의 소유가 된 백성이니 이는 너희를 어두운 데서 불러 내어 그의 기이한 빛에 들어가게 하신 이의 아름다운 덕을 선포하게 하려 하심이라"(베드로전서 2장 9절)

 그리스도인은 어떤 사람입니까?

한 마디로 말하자면 다르게 사는 사람입니다.

세상 사람들과는 삶의 목적과 가치관이나 우선순위가 달라야 합니다.

하나님 나라의 가치로 사는 사람,

땅에 발을 붙이고 살지만,

하늘나라를 소망하며 사는 사람이 그리스도인입니다.

'만인 제사장'이란 것은 특별한 그리스도인으로 신분 상승 되었다는 것이 아니라,

제사장처럼 구별되게 사는 그리스도인을 말하는 것입니다.

그리스도인이 제사장이 되려면

유행성 출혈열로 33세에 죽음을 맞이한

「그 청년 바보 의사」 안수현 씨처럼

의사 가운을 입은 예수님을 만났다는 착각이 들 정도의 **이타적인 거룩한 삶**을 살아야 할 것입니다.

청춘은 특혜다

"좋은 것으로 네 소원을 만족하게 하사 네 청춘을 독수리같이 새롭게 하시는도다"(시편 103편 5절)

 아무 것도 없으면서도 모든 것을 가진 사람이 청년입니다. 청년들에게 설교 하면서 '당신의 인생을 국내 최고의 **재벌과 맞바꿀 사람 있느냐?**'고 물었더니 **한 사람도 없었습니다.**

아마도 재벌들에게 물어 보면 자신의 전 재산과 명예를 다 주고서라도 **청년의 삶을 원할 것이 분명합니다.**

청년의 건강한 팔은 수억을 주고도 살 수 없습니다.

청년의 건강한 다리도 마찬가지입니다.

청년의 정신은 더욱 말할 나위 없습니다.

비록 우리 시대가 청년들을 '88만원 세대'라고 일컫는다 해도 그 말에 고개를 끄덕이는 순간 그 사람은 이미 청년이 아닌 애늙은이입니다.

그런가 하면 노인도 창조적 사고를 가지고 시대를 읽고 앞서 나가고 젊은이들과 소통하는 노력을 한다면 그는 청년인 것입니다.

청춘은 특권 중에 가장 큰 특권입니다.

현대판 바리새파

"일찍부터 나를 알았으니 그들이 증언하려 하면 내가 우리 종교의 가장 엄한 파를 따라 바리새인의 생활을 하였다고 할 것이라"(사도행전 26장 5절)

 복음서와 사도행전에 자주 등장하는 율법을 철저히 준수함으로 구원을 얻으려고 했던 바리새인들은 '분리주의자'로 알려졌습니다.

오늘날 우리 주변에도 현대판 바리새파들이 많이 있습니다.

부모가 같이 낳은 자식을 보고도

우리는 누구를 더 닮았는지를 찾아내야 적성이 풀립니다.

종씨를 만나면 반드시 본과 파를 묻습니다.

출신 지역과 학교를 따집니다.

성경에 등장하는 바리새인의 뒤에는 항상

'비방, 비교, 분쟁, 다툼, 주의' 등의 단어가 따라붙는데

일상생활 속에서부터 바람직하지 못한 언행을 고쳐감으로

성령 안에서 하나 되게 하신 것을 힘써 지켜가야 하겠습니다.

사람의 특권인 찬양

"너희 의인들아 여호와를 즐거워하라 찬송은 정직한 자들이 마땅히 할 바로다"(시편 33편 1절)

 사람은 하나님의 형상을 따라 지음 받은 만물의 영장(靈長)이요, 여호와 하나님이 생기를 그 코에 불어 넣은 영적인 존재입니다.

그래서 사람은 자기를 이 땅에 내신 창조주 하나님을 예배할 수 있고, 목소리 높여 찬양하기도 합니다.

가정예배드리는 어떤 집의 개는

찬송의 음을 따라 하기도 한다고 하지만

정확한 음정과 박자와 발음으로 찬송할 수 있는 구강구조는

사람에게만 주어진 것입니다.

그러므로 찬송은 정직한 자들이 마땅히 할 바라고 했고,

찬송하지 않는 것은 옳지 않은 일이라는 것입니다.

오늘 하루도 찬송함으로

찬송하는 자의 복을 받아 누리게 되시기를 바랍니다.

목삽니다!?

"그가 어떤 사람은 사도로, 어떤 사람은 선지자로, 어떤 사람은 복음 전하는 자로, 어떤 사람은 목사와 교사로 삼으셨으니" (에베소서 4장 11절)

 이단들 중에는 목사가 성경에 나오지 않는 직제(職制)라고 말하는 이들이 있지만, 에베소서 4장 11절은 목사(牧師)라는 직분(職分)을 분명히 언급하고 있습니다.

그런데 목사가 남에게 자신을 소개할 때

'목삽니다!?'라는 발음은 좀 고약한데가 있습니다.

남의 목을 사겠다는 것도 아닌데….

사실은 남의 목을 살리는 것이 목사의 사명인 것입니다.

"내가 곧 길이요, 진리요, 생명이니 (요 14:6)"라고 하신 예수님께 접붙여서 하나님의 자녀가 되는 권세를 누리게 하는 것이지요.

목사의 사명은 선한 목자이신 예수님을 본 받아

양들을 위하여 목숨을 버리는 것입니다.

기도는 습관

"새벽 아직도 밝기 전에 예수께서 일어나 나가 한적한 곳으로 가사 거기서 기도하시더니 시몬과 및 그와 함께 있는 자들이 예수의 뒤를 따라가"(마가복음 1장 35, 36절)

 새벽 기도 영성은 그리스도인이 그리스도인으로 살 수 있는 원동력이기도 합니다.

새벽 기도의 시조는 예수님이시고,

시몬과 다른 제자들도 함께 했던 것을 봅니다.

기도는 좋은 습관이 되어야 합니다.

하루를 시작하는 고요한 새벽 첫 시간에

하나님과의 독대는

그리스도인의 특권이기도 합니다.

잠이 무겁고, 직분이 중할수록

기도의 곰국을 끓여야 할 것입니다.

모든 것은 기도로부터 시작하고

기도로 그 열매를 보게 될 것입니다.

오늘 하루를 기도로 시작하셨습니까?

꿈의 실현

"그 후에 내가 내 영을 만민에게 부어 주리니 너희 자녀
들이 장래 일을 말할 것이며 너희 늙은이는 꿈을 꾸며 너
희 젊은이는 이상을 볼 것이며"(요엘 2장 28절)

 약 20년 전에 (서울의 목동 지역을 심방하다가)
길가에 펼쳐 놓고 파는 지구본 한 개를 구입해서
책상 위에 올려놓았던 적이 있습니다.
그런데 그때 품었던 꿈이 하나씩 이루어져서
에콰도르에 Y&G 선교사 부부를 파송하게 되었습니다.
그 후에는 인도네시아에 두 곳의 교회를 건축하고
청년들과 헌당 축하 비전트립을 준비하고 있습니다.
교회 창립 60주년 기념일인 11월 말에는
예수님이 태어나셨던 이스라엘 베들레헴의
팔레스타인 복음화를 위해 L 선교사를 파송할 생각에
가슴이 벅차오릅니다.
한국교회 선교사 3만 명 시대를 소망해 봅니다.

회개는 유턴이다

"내가 너희 각 사람이 행한 대로 심판할지라 너희는 돌이켜 회개하고 모든 죄에서 떠날지어다 … 너희가 어찌하여 죽고자 하느냐… 너희는 스스로 돌이키고 살지니라" (에스겔서 18장 30, 32절)

 2011년 3월 11일은 인류 역사 가운데서 잊혀지지 않는 날이 되고 말았습니다.

규모 9.0의 강진으로 일본 열도 북동부 쪽이 순식간에 폐허가 되고 수만 명의 사상자가 발생했습니다.

밀려오는 쓰나미에 놀라서 도망치던 개 한 마리와 자동차 한 대가 황급히 오른쪽으로 도망쳤지만 수장되었고, 왼쪽은 죽음을 피할 수 있었습니다.

회개는 유턴입니다.

악한 길에 섰다가 **죄의 쓰나미**에 쓸려 가면 다시는 기회가 없습니다.

지금 내 상태가 어떠하든지 돌이키면 살 수 있습니다.

당신은 지금 어느 자리에 서 있습니까?

둔감력으로 이기는 지혜

"뒤에 있는 것은 잊어버리고 앞에 있는 것을 잡으려고"
(빌립보서 3장 13절)

 '사람이 좀 둔하다'는 말은 다른 사람에 비해 민첩하지 못해서 뒤처진다는 의미로 쓰이는 말입니다. 현대와 같이 빠르게 변해가는 세상에서는 남보다 빨라야 살아남을 수 있다는 것이 보편적인 진리가 되어 버렸습니다.

그러나 휴가 기간에 읽었던 와타나베 준이치의 '나는 둔감하게 살기로 했다'에서는 둔감력을 삶의 지혜로 제시하고 있습니다.

상사나 누군가로부터 꾸지람을 들었을 때에 울적하거나 풀 죽은 모습으로 반응하는 자존심이 강하고 예민한 사람보다 스트레스조차 가볍게 무시해 버리고 훌훌 털어버리는 둔감함의 능력을 가진 사람이 훨씬 더 의연하게 살아갈 수 있다는 것입니다.

서로의 **정신건강**을 위해서라도 이제는 좀 우리 마음이 둔감하게 살아도 괜찮지 않을까요?

새됐어!

"또 자기의 아들을 불 가운데로 지나게 하며 점치며 사술을 행하며 신접한 자와 박수를 신임하여 여호와께서 보시기에 악을 많이 행하여 그 진노를 일으켰으며"
(열왕기하 21장 6절)

 어릴 적 기억에 학교 부근에는 항상 **새 점**을 보는 할아버지가 앉아계셨습니다.

참새가 물어다 주는 쪽지 내용에 운명을 거는 사람들이 의외로 많았습니다.

선거철, 입시철, 취업철만 되면 옛날 모습이 되풀이됩니다.

다만 장소가 점집으로 바뀌었을 뿐입니다.

불경기에 대목을 보는 집은 점 집뿐이라고 합니다.

철철이 보는 점은 인간의 어리석음과

하나님의 진노를 부를 뿐입니다.

새나 짐승을 따를 것이 아니라

하나님을 의지하시고 말씀을 따라 살아가시기를 바랍니다.

기도는 입과 귀로 하는 것

"내 양은 내 음성을 들으며 나는 그들을 알며 그들은 나를 따르느니라"(요한복음 10장 27절)

 기도는 흔히 말로 하는 것으로만 생각하기 쉬운데 제대로 알고 보면 기도는 입과 귀로 하는 것입니다. 입으로 아뢰는 것은 기도의 당연한 행위입니다.

그러나 기도는 구하는 것으로 끝나서는 안 됩니다. 그것은 답장을 기다리지 않는 편지와 같습니다.

혹 편지는 그럴 수 있지만 기도는 반드시 응답을 기다려야 하는 것입니다.

"여호와 앞에 잠잠하고 참고 기다리라"(시 37:7)

"너는 내게 부르짖으라 내가 네게 응답하겠고

네가 알지 못하는 크고 은밀한 일을 네게 보이리라"(렘 33:3)

'하나님의 음성을 듣고 자기도 하며 귀를 기울이시고

나의 기도를 들어 주신다네'라는 복음송은 시편 40편 1절을 노래한 것입니다.

이제 우리는 '**말하는 기도**'에서 '**듣는 기도**'에까지 기도의 단계를 올려야 할 것입니다.

스크린 기도

"나는 너희를 위하여 기도하기를 쉬는 죄를 여호와 앞에 결단코 범하지 아니하고 선하고 의로운 길을 너희에게 가르칠 것인즉"(사무엘상 12장 23절)

 "쉬지 말고 기도하라"는 것은 입에서 끊임없이 기도가 이어져야 한다는 것이 아니라 '기도의 분위기 속에서 살라', '무시로 기도하며 살라'는 뜻입니다.

저를 비롯해서 대부분의 그리스도인들은 충분히 기도하지 못하는 약점이 있습니다. 그래서 제 경우에도 새벽 기도 후에 또박또박 입으로 중보기도 하다가 다하지 못한 기도의 대상자를 위해 '스크린 기도'를 하기도 합니다.

기도 대상자들을 떠올리면서
마치 영화의 화면이 지나가듯이 기도하기도 하고,
때로는 '스캔 기도'를 하기도 합니다.
교회 요람을 가지고 직분자별로 사진을 보면서,
또는 구역별로 가족들의 이름을 눈으로 보면서
기도하기도 합니다.
기도는 영혼의 호흡이요,
기도로 축복하는 삶을 살 수 있습니다.

묵상의 대상

"내가 나의 침상에서 주를 기억하며 새벽에 주의 말씀을 작은 소리로 읊조릴 때에 하오리니"(시편 63편 6절)

사람은 무엇을 묵상하느냐에 따라서 그 사람의 가치관과 세계관이 달라집니다.

세상에는 하나님을 묵상하는 사람이 있는가 하면 돈을 묵상하는 사람도 있습니다.

하나님을 묵상하는 사람은

하나님의 말씀과 뜻을 따라 살게 되어 있고,

돈을 묵상하는 사람은 돈의 지배를 받으며

자나 깨나 돈만 생각하는 사람입니다.

주가의 등락이 그 사람의 그날 컨디션을 좌우합니다.

결국 묵상의 대상이 내 삶의 주인이고, 신(神)이 됩니다.

나는 오늘 무엇을 묵상하며 살고 있는가?

내 삶의 주인은 누구인가? 하는 것을

깊이 생각하며 사는 하루가 되었으면 합니다.

술과 새 술

"이와 같이 집사들도 정중하고 일구이언을 하지 아니하고 술에 인박히지 아니하고 더러운 이를 탐하지 아니하고" (디모데전서 3장 8절)

 제자훈련 나눔 시간에 한 여 집사님의 간증입니다.

"예수를 믿고서도 술을 많이 마실 때였습니다.

집안 모임이 있을 때면 '사람보다 술 박스가 먼저 들어오는 집안' 이었습니다.

그러던 어느 날 "그렇게 부어라 마셔라 하면 살 수 있겠느냐?"

하시는 영음을 듣고 그날부터 술을 끊었습니다."

성경은 술에 인 박히지 말라고 했습니다.

"처음에는 사람이 술을, 다음에는 술이 술을,

그다음에는 술이 사람을 마신다"는 말이 있습니다.

술은 마시기 시작하면 인이 박히게 프로그램화되어 있습니다.

이제는 **성령의 새 술에 인 박히기**를 소원합시다.

158

배고파요!

"예수께서 이르시되 오히려 하나님의 말씀을 듣고 지키는 자가 복이 있느니라 하시니라"(누가복음 11장 28절)

 하루는 저희 교회 장로님 한 분의 휴대폰에서 "배고파요!"라는 소리가 들렸습니다.

아마도 휴대폰의 배터리가 부족해져서

나는 소리 같았습니다.

하찮은 기계도 배터리가 부족하면

"배고프다!"라고 아우성인데,

하물며 하나님의 형상을 입은 사람은

영적인 굶주림을 느끼지 못한 채 살아가고 있지는 않습니까?

말씀으로 내 영의 주림을 채우고,

기도로 순종의 도를 배우고,

묵상으로 하나님 나라와 접속함으로

하나님과 교통하고, 사람과 소통하는 은혜가

있기를 바랍니다.

말씀 충만

"행위가 온전하여 여호와의 율법을 따라 행하는 자들은 복이 있음이여" (시편 119편 1절)

 일 년 열두 달 새벽 기도회 시간에
창세기 1장에서 계시록 22장까지를 매일 한 장씩
읽고 강해하는 가운데

시편 119편은 176절이나 되어서

네 번에 나누어 읽고 묵상하게 되었습니다.

매 절마다 '하나님의 말씀'과 관련된 용어가 등장하고 있습니다.

그처럼 성도는 매일같이 말씀과 더불어 살아야 하는 것입니다.

그런데 말씀은 사모하지만

시간이 없어서 말씀을 가까이하지 못하는 분들을 위한

조언을 해드리고자 합니다.

TV 드라마나 음악을 듣는 시간의 절반만 줄여서

말씀을 읽고 묵상하는 시간으로 할애해 보시기 바랍니다.

당신 삶의 놀라운 변화와 복이 임할 것입니다.

철학자 운전사

"아무 일에든지 다툼이나 허영으로 하지 말고 오직 겸손한 마음으로 각각 자기보다 남을 낫게 여기고"
(빌립보서 2장 3절)

 수원에서 세미나를 마치고 역으로 가기 위해 탄택시가 유턴을 하기 위해 1차선으로 들어서려 하자 다른 차들이 좀처럼 양보하지 않아서 어렵게 진입했습니다. 그때 기사분께 "힘들지 않으세요?"라고 물었더니 "다들 바쁘기 때문에 당연합니다. 나도 그렇게 하는대요 뭐!"라고 했습니다.

조금 후에 버스가 차선을 바꾸며 밀고 들어오자 양보해 주기에 물었더니 "택시 운전하던 사람이 버스 운전하고, 버스 운전하다가 택시 운전하게 되니까 서로 양보해야죠"라고 말했습니다.

이날, 속 좋은 기사분이 제 눈에는 철학자처럼 보였습니다. 우리 삶에도 **자기보다 남을 낫게 여기는 철학**이 있는 예수 그리스도의 마음을 가졌으면 좋겠습니다.

진짜와 가짜

"예수께서 이르시되 내가 곧 길이요 진리요 생명이니 나로 말미암지 않고는 아버지께로 올 자가 없느니라"
(요한복음 14장 6절)

 대구에서 목회하시는 신학대학원 동기 목사님이 하루는 교인 집에 등록 심방을 하러 갔는데 아파트 경비원이 "어떻게 오셨습니까?"라고 해서 "(교인 가정에) 심방을 왔습니다"라고 하니까 "목사님이신가요?" 하기에 "그렇습니다"라고 했더니 대뜸 하는 말이 "그러면 요한복음 14장 6절을 외워보세요"라고 하더랍니다.

그래서 "예수께서 이르시되 내가 곧 길이요 진리요 생명이니 나로 말미암지 않고는 아버지께로 올 자가 없느니라" 하고 암송했더니 "들어가세요" 하더랍니다.

목사가 아파트 입구에서 경비원에게 성경 암송 테스트를 받는 어이없는 상황이 벌어진 경험담을 들으며 한바탕 웃었지만 오늘날 하도 가짜가 많아서 벌어진 해프닝이었습니다.

가짜가 진짜 행세를 하고, 진짜가 의심받는 세상이 되었지만 그럼에도 불구하고 **진리는 영원할 것이고, 비 진리는 그 끝이 머지 않아 드러날 것입니다.**

종말론 종말

"그 날과 그 때는 아무도 모르나니 하늘의 천사들도, 아들도 모르고 오직 아버지만 아시느니라"
(마태복음 24장 36절)

 종교계에서 비정기적으로 들먹이는 단골 메뉴가
있다면 종말론이라고 할 수 있습니다.
미국 '패밀리 라디오' 설립자인 해럴드 캠핑이
'2011년 5월 21일, 종말이 온다'고 주장했다가
역시 헛소리가 되고 말았습니다.
그런데 이에 대해서
미국 복음주의를 대표하는 잡지의 온라인 판에서
캠핑의 주장을 두둔하는 논조의 사설을 올려서
문제가된 적이 있습니다.
그러나 '**종말의 때**'는 선악과와 같아서
하나님 아버지의 영역일 뿐
인간의 연구나 예언의 대상이 아닙니다.
"그런즉 깨어 있으라(마 25:13)"
이것만이 종말을 준비하는 성도의 지혜입니다.

역발상 감사

"또 무엇을 하든지 말에나 일에나 다 주 예수의 이름으로
하고 그를 힘입어 하나님 아버지께 감사하라"
(골로새서 3장 17절)

울산에서 자동차와 관련된 중소기업을 하시는
장로님 한 분을 알고 있습니다.
한 번은 함께 차를 타고 가면서 하시는 말씀이
공장의 직원들에게
"당신 덕분에 내가 좋은 집에서 살고,
좋은 차를 타고 다닌다"며
"감사하다"는 말을 자주 한다는 것입니다.
대게의 경우는 "내 덕에 당신들이 월급을 받고
가정을 꾸려간다"라고 생각하는데 비해서
그 장로님은 감사에 대한 역발상을 가지고 계셨습니다.
그래서인지 그 기업은 꾸준히 성장해 가고 있습니다.
"내 덕에 당신들이" 아니라
"당신들 덕에 내가"라고 할 때,
세상은 보다 아름다워지고 행복해질 것입니다.

우문현답

"하나님이 이르시되 우리의 형상을 따라 우리의 모양대로 우리가 사람을 만들고 그들로 바다의 물고기와 하늘의 새와 가축과 온 땅과 땅에 기는 모든 것을 다스리게 하자 하시고"(창세기 1장 26절)

 철학은 질문이고 성경은 그 대답이며, 유행가는 질문이라면 찬송은 그 대답이 됩니다.

'나는 누구인가?'라는 철학적 물음에 대한 대답은 "하나님의 형상을 따라 하나님께로부터 지음 받은 존재(창 1:26)"요, (창조와 구원과 내세가 그분의 손에 달려 있으며)

'인생은 어디서 왔다가 어디로 흘러서 가나?'라는 대중가요 물음에 대한 대답은

"오 하나님 우리의 창조주시니 내 주님께 귀한 것 드립니다"의 68장 찬송과

"우리가 지금은 나그네 되어도 화려한 천국에 머잖아 가리니"라고 노래한 508장 찬송이 그 답이 될 것입니다.

잠11장 공식

"교만이 오면 욕도 오거니와 겸손한 자에게는 지혜가 있
느니라 … 의인은 푸른 잎사귀 같아서 번성하리라"
(잠언 11장 2, 28절)

 모든 문학에는 문법이 있고, 수학에는 공식이 있
듯이 **성경에는 축복의 원리**가 있습니다.
지식은 내가 공부해서 얻을 수 있지만,
지혜는 하나님이 주시는 것인데, 어떤 사람에게 주시는가에 대
해서 잠언 11장 2절은 겸손한 자에게 라고 분명히 밝히고 있습
니다.
우리가 그토록 원하는 번성의 복은
28절에 보면 남을 구제하고 선을 베푸는 의인에게
푸른 잎사귀처럼 잘 되는 축복을 약속해 주셨습니다.
지혜롭고 번성하기를 원하십니까?
겸손과 구제의 태도를 견지하기에 힘쓰십시오.

회전목마 신앙

"비유하건대 아이들이 장터에 앉아 서로 불러 이르되 우리가 너희를 향하여 피리를 불어도 너희가 춤추지 않고 우리가 곡하여도 너희가 울지 아니하였다 함과 같도다"
(누가복음 7장 32절)

 놀이동산에 가면 '회전목마'가 있습니다.
천정에서 바닥까지 닿은 봉을 잡고 나무로 된 말에 올라앉으면
위 아래로 계속 오르내리며 돌지만 실제로는 한 걸음도 나가지 못합니다.
계속해서 제 자리를 맴돌 뿐입니다.
우리의 신앙이 회전목마형 신앙일 수가 있습니다.
예수 믿고 세례 받은 후, 은혜를 경험했지만
더이상 한 걸음도 전진하지 못하고 제자리를 맴돌 수가 있습니다.
피리를 불어도 춤추지 않듯이,
예배자의 자리에서 헌신과 전도와 **수레바퀴의 삶**으로 더 이상 나아가지 못하는 회전목마형 신앙에서 벗어나
장성한 믿음의 분량에로 달려가시기를 바랍니다.

영적 지조

"옛 지계석을 옮기지 말며 고아들의 밭을 침범하지 말지어다"(잠언 23장 10절)

 서울의 한 모임에서 동해교회 이왕춘 장로님을 만난 적이 있습니다.

전국 상가인연합회 회장을 지내셨고, 시낭송가 이신 그분은 현재는 집이 경북 대구인데도 무려 27년째 강원도 동해시에 있는 동해 교회에 출석하고 계셨습니다.

이유인즉 30여 년 전에 동해시에 살 때 출석하던 동해교회 원로목사 사모님이 자신이 대구로 이사 오는 날 말씀하시기를 **"지계석을 옮기지 마세요"**하신 그 한 마디에 순종해서 27년째 무궁화호 열차로 6시간이나 걸려서 주일 하루 전에 도착해 예배드리며 봉사하고 오신다고 했습니다.

오늘을 사는 그리스도인이 배워야 할 영적 지조라고 생각합니다.

세례 요한의 마음

"그가 아버지의 마음을 자녀에게로 돌이키게 하고 자녀
들의 마음을 그들의 아버지에게로 돌이키게 하리라"
(말라기 4장 6절)

 제가 메고 있는 제법 많은 수량의 넥타이들 가운
데 가장 아끼는 넥타이가 하나 있습니다.
그것은 비싼 것도, 화려한 것도 아닙니다.

두 아들이 초등학생일 때
제 생일 선물로 골라 온
보라색 계통의 싸구려 티가 나는 넥타이입니다.
그래도 아이들로서는 적은 용돈으로
넥타이를 고르느라 고심했던 흔적이 보입니다.
그 속에 아비를 향한 자녀들의 마음이 묻어납니다.
그 넥타이를 보며 아비의 마음이 자녀들에게로 향하는 것을
느낍니다.
선지자가 끊어진 400여 년간,
당신의 백성들의 마음을 아버지 하나님께로 향하게 했던
세례 요한의 마음이 넥타이의 역할과 같다고 할까요?

다툼의 결과

"미련한 자의 입술은 다툼을 일으키고 그의 입은 매를 자청하느니라"(잠언 18장 6절)

 2011년 9월 (6일) JSA 공동경비구역을 방문했을 때에 얻은 교훈입니다.

1976년 8월 (18일)에 발생한 판문점 도끼 만행 사건으로 미군 2명이 피살(카투사 5명)되고 미군 9명이 중상을 입는 사건이 있었습니다.

이 엄청난 사건의 발단은

의외로 사소한 시비와 다툼에서 비롯되었습니다.

당시 판문점에 파견되었던 미군 지휘관의

뒤 머리카락 일부가 삐져나온 것을 보고 흉을 본

북한군 병사와의 말다툼이 발단이 되었다는 것입니다.

지금도 남한과 북한의 가장 가까운 최전방 초소는

불과 25미터 거리에 있는 것을 보았습니다.

시비와 다툼을 버리고 사랑과 화평을 따르기를 원합니다.

보다 더 영원한 것

"여호와께서 영원무궁 하도록 다스리시도다 하였더라"
(출애굽기 15장 18절)

이 땅에는 영원한 것이 없습니다.

지금 내가 살고 있는 집도 100년 후에는 무너져

없을 것이고, 등기부 등본을 가지고 있는 내 소유

의 땅도 거슬러 올라가 보면 **수없이 많은 주인**이 있었고,

내 지갑 속에 들어있는 화폐도 내가 이 세상을 떠나갈 때는 아무

런 도움이 되지 못합니다.

들의 풀과 같고, 안개와 같은 이 세상에서

영원한 것은 오직 하나님과 그분의 말씀 밖에 없습니다.

그리고 한 가지 더 있다면 하나님의 나라와 교회와

선교를 위해 **헌신한 것만이 하늘나라에 상급이 될 것입**

니다.

보다 더 영원한 것을 사모하며 사시기를 바랍니다.

시편도 싫어!?

"네 아버지와 어머니를 공경하라 이것은 약속이 있는 첫 계명이니 이로써 네가 잘되고 땅에서 장수하리라"
(에베소서 6장 2, 3절)

 우리나라에 골이 깊은 폐단 중에 하나가 고부갈 등(姑婦葛藤)인데, '갈등'이란 한자어의 획이 너 무 많고 복잡해서 적으려다 보면 갈등이 생기듯 이, 우리 사회에 고부간의 갈등의 여파로 며느리는 '시'자가 들어 간 것은 시금치도 안 먹고, 시청 앞에도 안 간다 합니다.
최근에 어느 집사님께 듣기로는
시편도 안 읽는다는 여담에 크게 당황했던 적이 있습니다.
아무리 시댁 식구를 가족이 아니라고 여긴다 해도
시편은 읽어야 하고, 시편을 읽다보면
고부갈등은 저절로 넘어서게 될 것입니다.
넘지 못할 산은 없습니다.

최고의 효도

"만일 어떤 과부에게 자녀나 손자들이 있거든 그들로 먼저 자기 집에서 효를 행하여 부모에게 보답하기를 배우게 하라 이것이 하나님 앞에 받으실 만한 것이니라"
(디모데전서 5장 4절)

 같은 날 등록 심방을 한 두 가정 가운데 한 가정의 부인은 **남묘호랑개교**를 30년간 다니며 많은 사람들을 지도하던 분이었는데

가정의 어려움을 통해 예수님을 믿게 되었습니다.

다른 한 가정의 남자 어르신은 **천리교**를 오래 다니셨다가

수십 년 전에 출석했던 본교회로 다시금 출석하시게 되었습니다.

서울에서 집사로 있는 딸은 너무 좋아서 매일 같이 전화해서

안부를 묻고 아버지를 위해 기도해 주고 있습니다.

아버지를 위해 매일 같이 안부를 묻고 전화로라도 기도해주는

것이야말로

'최고의 효도'일 것입니다.

우리도 그런 효도를 배웠으면 합니다.

캐디에 밀린 어미

"지혜로운 아들은 아비를 즐겁게 하여도 미련한 자는 어미를 업신여기느니라"(잠언 15장 20절)

 예전에는 남자들이 세 여자의 말을 잘 들어야 인생을 살아가는데 도움이 된다면서 '엄마와 아내와 내비게이션 아가씨'를 들었습니다.

낯선 길을 갈 때에도 내비게이션 아가씨의 안내를 따라가면 십중팔구는 목적지에 잘 도착할 수 있어서 나온 이야기입니다.

그런데 최근에는 한 여자가 바뀌었습니다.

그래서 '아내와 내비게이션 아가씨와 마지막은 캐디'가 되었습니다.

괜히 캐디 말을 안 듣고, 자기 고집대로 샷을 날렸다가 낭패를 당해 본 사람들이 엄마의 자리에 캐디를 끼워 넣은 것입니다.

아마도 엄마 보다 캐디를 자주 만나다 보니 생긴 말이 아닌가 싶습니다.

어미를 업신여기는 자를 성경은 미련한 자라고 말씀하는 것을 유념해야 할 것입니다.

물난리, 불난리

"네가 물 가운데로 지날 때에 내가 너와 함께 할 것이라… 네가 불 가운데로 지날 때에 타지도 아니할 것이요"
(이사야 43장 2절)

 창신 초등학교 시절 남부교회에서 강도사로 사역하시던 부친을 따라 마장중앙교회로 이사했습니다. 당시 밤중이어서 강변에 있는 빌라촌인 줄 알았는데 자고 일어나 보니 청계천 양쪽으로 들어선 뚝방 판자촌이었습니다. 판자를 지붕에 얹고 루핑에 졸대로 못질을 해놓은 타마구(콜탈)집이었습니다.

1970년대 중반 여름 청계천이 범람할 때는 교회와 집에까지 물이 차서 쓰레기가 둥둥 떠다녔고, 연탄가스 중독으로 사경을 헤맨 적도 있습니다. 어느 해 겨울 성탄절에는 인근에 있던 넝마 집에 불이 나서 동생들을 데리고 신발도 못 신고 뛰쳐나왔습니다. 교회까지 다 태워 먹는 상황에서도 소방차 호스는 판자촌 너머로만 물을 뿌려서 서민들의 애간장이 타들어갔던 기억이 있습니다.

그래도 그때는 '흙수저'란 말도 모르고 살았으니 **모든 것이 주의 은혜가** 아닐는지요!

흘린 콩 안 되기

"침상과 대야와 질그릇과 밀과 보리와 밀가루와 볶은 곡식과 콩과 팥과 볶은 녹두와 꿀과 버터와 양과 치즈를 가져다가 다윗과 그와 함께 한 백성에게 먹게 하였으니"
(사무엘하 17장 28, 29절)

 다윗 왕이 왕위를 찬탈한 아들 압살롬의 추격으로 인해 마하나임에 이르렀을 때, 도우시는 하나님은 암몬의 부호들을 통해 충분한 양식을 공급해 주었는데 그중에 '콩'도 있었습니다.

얼마 전, 집의 식탁에서 밥을 먹다가 그만 실수로 큰 콩 하나를 흘렸습니다.

몇 바퀴를 굴러버려서 하는 수없이 버리면서 든 생각입니다.

오랫동안 땅 위에서 햇빛도 받고, 수분도 섭취하고 수확하는 농부의 수고와 상인의 손을 거치고 주부의 조리 후에 식탁에 오른 콩이 쓰임을 받지 못하고 버려지는 것을 보면서 든 생각이 '흘린 콩은 되지 말아야겠다'는 것이었습니다.

쓰임 받고, 의미 있는 삶을 바라고 소망하시기 바랍니다.

95세 이하 흡연 금지

"우리가 선을 행하되 낙심하지 말지니 포기하지 아니하면 때가 이르매 거두리라"(갈라디아서 6장 9절)

 신년 목회를 위한 정책 당회를 하기 위해
경주 내남에 있는 펜션을 빌려서 회의를 하다가
점심을 먹으러 면사무소 근처에 있는

매운탕 집에 갔습니다.

벽에 붙어 있는 문구에 저절로 눈이 갔습니다.

'95세 이하 흡연 금지'

애교 있으면서도 기발하고 참신한 문구였습니다.

식당에서 담배 연기를 맡는 것만큼 고역은 없습니다.

그러나 그보다 더 큰 문제는

아직 95세도 안되었는데 낙심하거나 자포자기하는 것입니다.

이 글을 읽는 분들 중에 아직 95세 이하이거든

'낙심 금지', '자포자기 금지', '절대 소망', '절대 믿음'을 가지고 오늘을 살아가시기를 바랍니다.

아름다운 동행

"그들이 서로 이야기하며 문의할 때에 예수께서 가까이 이르러 그들과 동행하시나 그들의 눈이 가리어져서 그인 줄 알아보지 못하거늘"(누가복음 24장 15, 16절)

 제가 울산에서 목회하던 교회에서 60주년을 맞이해 기념 감사예배와 이스라엘로 선교사를 파송하는 예배를 함께 했습니다. 이 예배에 그해 102세로 우리나라 최고령 목사님이신 방지일 목사님이 오셔서 '기억하라'는 제목의 귀한 말씀을 증거해 주셨습니다.

방 목사님은 수십 년 전에 본 교회에 오셔서 설교하셨던 본문과 제목도 기억하고 계셨습니다.

함께 오신 김승욱 목사님은 방지일 목사님이 원로목사님으로 계신 서울 영등포교회의 후임 원로목사님이십니다.

장거리 이동 부축과 음식 수발, 틈틈이 티슈까지 챙겨드리는 모습을 가까이에서 보면서 **섬김의 모범**을 배울 수 있었고, '**아름다운 동행**'이자 '**거룩한 동행**'을 눈으로 보았습니다.

동정녀 탄생

"보라 처녀가 잉태하여 아들을 낳을 것이요 그의 이름은 임마누엘이라 하리라 하셨으니 이를 번역한즉 하나님이 우리와 함께 계시다 함이라"(마태복음 1장 23절)

 성경에 나오는 여러 가지 신비 중에 하나는 '동정 녀 탄생'입니다.

성부 성자 성령 삼위 하나님은 우리의 구원을 위해 역사하십니다.

모든 사람이 범죄한 상황에서 '아담의 씨'가 아닌 창세기 3장 15절의 '동정녀 여인의 후손'으로 이 땅에 오신 것입니다.

이것은 범죄한 인간의 구원을 위한 하나님의 유일한 아이디어요, 우리는 만입이 있어도 감사할 것 밖에 없는 것입니다.

하용조 목사님이 연예인 교회를 담임할 때 동정녀 탄생에 관해 성경공부 중에 한 후배 연예인이 거듭 못 믿겠다고 하자 구봉서 장로님이 벌떡 일어나시더니

"요셉도 아무 말 안 하는데, 네가 왜 난리야!"라고

했다는 익살스런 조크도 있습니다.

감사해야 할 일이 **의심할 일**로 뒤바뀌지 않아야 할 것입니다.

세상에서 가장 작은 교회

"또 내가 네게 이르노니 너는 베드로라 내가 이 반석 위에 내 교회를 세우리니 음부의 권세가 이기지 못하리라" (마태복음 16장 18절)

 지금까지 세계에서 가장 작은 교회로 알려진 캐나다의 the living water wayside chapel(생명수 길가 예배당)보다 1.3미터나 작은 교회가 울산의 남구 선암호수공원에 세워졌습니다.

이름하여 '호수교회'입니다.

2011년 9월에 세워진 '안민사'절, '성 베드로 기도방' 성당과 함께 세상에서 가장 작은 세 개의 종교시설이 함께 모여 있는 테마쉼터 예배당에 들어가 본 적이 있습니다.

작은 예배당은 기네스북과 관광지는 될 수 있어도

예배와 **기도**와 **말씀**이 없이는 교회가 될 수 없습니다.

내 안에 있는 **무형의 교회**에는 예배와 기도와 말씀이 살아있는지 살펴보아야 할 것입니다.

네 자신과 같이

"네 이웃을 네 자신과 같이 사랑하라 하신 것이니라"
(마태복음 19장 19절)

사람은 본능적으로 자기 자신을 가장 사랑하게 되어 있습니다.

단체 사진을 보면서도 자기 얼굴을 제일 먼저 찾게 되고, 아무리 좋은 사진도 자기 얼굴이 잘 못 나왔으면 버리게 됩니다.

세상에서 가장 소중한 것은 누구나 자기 자신이라고 생각합니다. 그래서 예수님은 "네 이웃을 네 자신과 같이 사랑하라"고 하신 것입니다.

그 말씀은 이웃에 대한 최고의 사랑을 가르치신 것입니다.

섬기던 교회가 교회 설립 기념 주일을 맞이해서 여러 가지 행사 중에 '사랑의 장기기증' 서약예배를 드려서 뇌사 시 장기기증 (14명)을 포함해서 60여 명이 각막기증을 했습니다.

"더도 말고 덜도 말고, 자기 자신만큼만 사랑했으면"합니다.

마음에 남을 말

"예수께서 그들의 생각을 아시고 이르시되 스스로 분쟁하는 나라마다 황폐하여질 것이요 스스로 분쟁하는 동네나 집마다 서지 못하리라"(마태복음 12장 25절)

 조선 중기 임진왜란 때의 의병장으로 나라를 사랑하고 올바르게 살아가는 삶의 도리를 깨우쳐 준 의병이자 현자로 살았던 곽재우 씨가 사위에게 남긴 말이 있습니다.

"재산과 책을 물려줘도 지키지 못하거나 화가 될 수 있고,

오히려 마음에 남을 말을 남겨 주는 편이 낫다고 여겨

네 가지를 남겼는데,

그중에 첫째는, **독서**이고

둘째는, **몸가짐**이고

셋째는, **국가 충성**이고

넷째는, **부모에게 효도**하라고 했습니다.

이 어지러운 시대에 우리 마음에 깊이 새겨야 할 말들입니다.

기도의 불타는 소원

"이르시되 기도 외에 다른 것으로는 이런 종류가 나갈 수 없느니라 하시니라"(마가복음 9장 29절)

 스코틀랜드의 개혁자 존 낙스는

"스코틀랜드가 아니면 죽음을 달라"고 할 정도로

기도에 생명을 걸었던 사람입니다.

기도의 능력을 알면서도 기도하지 않고

남에게 기도를 부탁하기만 하는 사람도 있습니다.

시드기야 왕이 그 대표적인 사람입니다.(렘 37장)

'기도하지 않으면 죽는다'는 말이 있습니다.

오늘 나는 교회와 국가와 가정과 자녀들과 일터를 위해서

얼마나 기도하고 있습니까?

그리스도인의 나라 사랑은 기도로 나타나야 합니다.

불같이 타오르는 소원을 품은 사람은

야곱처럼 끝까지 처절하게 **기도의 씨름**을 하는 사람입니다.

책임 전가 아닌 치유책

"여호와 하나님이 여자에게 이르시되 네가 어찌하여 이렇게 하였느냐 여자가 이르되 뱀이 나를 꾀므로 내가 먹었나이다"(창세기 3장 13절)

 인간의 원죄의 현장인 에덴동산에서의 현장검증은 비참했습니다.

아담은 하와에게, 하와는 뱀에게 죄의 책임을 전가했습니다.

죄를 지은 것은 용서가 되지만,

회개가 없으면 용서도 없습니다.

학교 폭력이 왕따와 자살을 낳고,

사회적 문제가 되고 있습니다.

가해학생과 부모에게 책임을 지워서 해결될 일이 아닙니다.

타락한 성인문화와 경쟁 사회, 입시지옥이 빚어낸 결과물입니다.

사회적 병리 현상을 근본적으로 치유해서

청소년들을 중압감으로부터 자유롭게 할 때

청소년들은 희망을 갖게 될 것이고

우리 사회는 **건강한 사회로 자리매김하게** 될 것입니다.

불과 몇 뼘 차이

"지혜자의 입의 말들은 은혜로우나 우매자의 입술들은
자기를 삼키나니 그의 입의 말들의 시작은 우매요 그의
입의 결말들은 심히 미친 것이니라"(전도서 10장 12, 13절)

 에이브러햄 링컨이 저격당했을 때 그의 몸에서 발
견된 물건은 지갑 하나였는데 그 지갑 안에 5불
짜리 지폐와 그의 이름이 새겨진 손수건 그리고
영국 기자의 글을 오린 종이가 들어있었습니다.

그 종이쪽지에는 이렇게 적혀있었습니다.

"링컨은 역사상 가장 위대한 사람 중의 하나이다."

그는 가장 많은 비판을 받은 대통령이었지만

이 격려의 글을 보면서 위로를 받았다고 합니다.

사람의 등을 두드려주는 것과

엉덩이를 차는 것은 단지 **척추골 몇 개의 거리 차이**에

불과하지만 그 결과는 엄청납니다.

오늘부터라도 옆에 있는 사람을 격려하고, 손잡아 주고,

등을 두드려주지 않겠습니까?

기적의 어머니, 기도

"너희가 내게 부르짖으며 내게 와서 기도하면 내가 너희
들의 기도를 들을 것이요 너희가 온 마음으로 나를 구하
면 나를 찾을 것이요 나를 만나리라"
(예레미야 29장 12, 13절)

 기적을 경험한 적이 있습니까?

기적은 가능하거나 믿어 본 적도 없는 일입니다.

그러나 기적은 기적을 믿는 자에게는

눈 깜짝할 사이에 일어납니다.

그런데 기적을 잉태하고, 낳고, 기른 모친의 이름은

기도입니다.

기도가 이루어지는 순간 기적이 일어나는 것입니다.

기도의 산고를 거친 것이 기적입니다.

당신은 기적을 믿습니까?

기적을 믿는다면 기적의 어머니를 가까이해야 합니다.

기적은 기도와 모자지간이기 때문입니다.

기적은 멀리 있지 않습니다.

받지 말자

"여호와께서 그의 기름 부음을 받은 고레스에게 이같이
말씀하시되 내가 그의 오른손을 붙들고 그 앞에 열국을
항복하게 하며 내가 왕들의 허리를 풀어 그 앞에 문들을
열고 성문들이 닫히지 못하게 하리라"(이사야 45장 1절)

 핸드폰 시대에 이름을 저장하면서 어떤 남편은
아내의 전화번호가 뜨는 이름에 '받지 말자'라고
저장해 둔 것을 드라마에서 본 적이 있습니다.

그런가 하면 어떤 아내는 남편의 전화번호가 뜨는 이름에 처음
에는 '복 있는 사람'이라고 했다가 속상한 일이 있어서 '밉상'으로
바뀌었다가 최근에는 고레스 왕처럼 '하나님께 붙들린 자'라고
고쳤다는 것입니다.

일대일 제자반에서 나눔을 하던 또 다른 여자 집사님은 남편 안
수집사님을 '왕 같은 제사장'으로, 딸은 '자랑의 면류관'으로,
아들은 '기쁨의 면류관'으로 저장되어 있다는 이야기를 들었습
니다.

꿈대로 되듯이, **말대로, 믿음대로** 되기 때문입니다.

55년 만의 고백

"그의 자식들은 일어나 감사하며 그의 남편은 칭찬하기를 덕행 있는 여자가 많으나 그대는 모든 여자보다 뛰어나다 하느니라"(잠언 31장 28, 29절)

 구정 명절에 아들의 집으로 역 귀성하셨던 부모님과 함께 많은 대화를 나누며 모처럼 즐거운 시간을 보냈습니다.

집으로 돌아가시는 날 바래다 드리러 가는 차 안에서 **55년 만에 하신 아버님의 말씀** 한 마디가 홈런을 쳤습니다.

"내가 장가를 잘 간 것 같아!"

그러자 그 말을 받는 어머님 왈,

"왜, 무덤에 들어가거든 말하지!"

아버님이 다시 하신 한 마디,

"경상도 사나이가 이런 말 하는 게 어디 쉬운 줄 알아?"

대화는 엇갈려 보였습니다.

그러나 내심 아머님의 표정은 밝았습니다.

부부가 그 말 한마디 하는 데 55년이 걸렸습니다.

맞아도 감사

"누추함과 어리석은 말이나 희롱의 말이 마땅치 아니하
니 오히려 감사하는 말을 하라"(에베소서 5장 4절)

수십 년 만의 맹추위에 감기가 들어 병원을 찾았
습니다.

의사의 진료를 받고, 처방에 따라 주사실로 갔습
니다. 주사를 엎드려서 맞아야 하는지, 서서 맞아야 하는지, 바
지는 어디까지 내려야 간호사가 주사를 놓는데 불편하지 않은
지, 환자의 인격권이 보호가 되는지….

애정남(애매한 것을 정해 주는 남자)이 필요하다는 생각이 들었습
니다.

주사를 맞기 전에 '찰싹' 하는 소리와 함께 지금껏 맞아 본 중에
가장 아프게 맞았는데 주사가 아니라 손 매가 아팠습니다.

그래도 주사실을 나오면서 한 인사는 '감사합니다'였습니다.

마찬가지로 하나님의 자녀가 잘못해서

하나님께 매를 맞고 나서도 해야 할 말은 역시

'감사합니다' 밖에 없습니다.

이상한 기도

"예수께서 그들에게 항상 기도하고 낙심하지 말아야 할
것을 비유로 말씀하여"(누가복음 18장 1절)

 이런 이야기를 들은 적이 있습니다.
요즈음 **교회가 제일 많이 하는 기도**가 '절~
망하지 않도록 기도한다!?'는 말이었습니다.

'아니 교회가 기도해야 할 제목이 수없이 많은데 하필이면 절이
망하지 않도록 기도하나?'라고 의아한 생각이 들었습니다.
그러나 설명을 듣고 보니 고개가 절로 끄덕여졌습니다.
요즈음 사회적 혼란과 가정의 어려움 등으로
낙심하고 절망에 빠진 사람들이 많기 때문에
교회는 모일 때마다
'절망하지 않도록 기도한다'는 말이었습니다.
교회와 성도가 마땅히 해야 할 기도가 있다면
그것은 '절망하지 않도록 하는 기도'일 것입니다.
날마다 기도에 더욱 힘쓰는 기도의 사람들이 되십시오.
그러면 절망이 바뀌어 축복이 됩니다.

도마처럼

"믿음 없는 자가 되지 말고 믿는 자가 되라"
(요한복음 20장 27절)

 "산은 타는 척할 수 없고, 삶은 사는 척할 수 없다"는 말이 있습니다.

마찬가지로 신앙은 믿는 척할 수 없습니다.

그런데 주일도 성수하고, 교회 공동체 안에서 함께 생활하고 있지만 성령으로 거듭나지 않고 구원의 확신도 없이 교회 마당만 밟고 다니는 교인이 있습니다.

믿음의 형식은 아무런 소용이 없습니다.

오로지 나의 죄인 됨과 예수 그리스도의 구원자 되심을

확실히 믿는 참 믿음만이

나의 영생을 확증하는 것입니다.

믿는 척 하기보다는 차라리 도마처럼

자신의 믿음을 한 번쯤 의심해 보는 편이 내 영혼에 유익할 것입니다.

기도의 온도

"하나님의 말씀과 기도로 거룩하여짐이라"
(디모데전서 4장 5절)

 조지 뮬러는 5만 번이나 기도의 응답을 받은 사람으로 널리 알려져 있습니다.

그러나 그가 성경을 200번이나 읽었다는 것을 아는 사람은 별로 없습니다.

그리스도인이 추구해야 할 궁극적인 목표는 '거룩'입니다.

마태복음에서 예수님께서 우리에게 전해주신 메시지의 결론도 "그러므로 하늘에 계신 너희 아버지의 온전하심과 같이 너희도 온전하라"(마 5:48) 하심처럼 '거룩'에 초점이 있습니다.

사람이 거룩해지는 비결은 다른 것에 있지 않습니다.

'하나님의 말씀과 기도' 밖에 없습니다.

기도하되 하는 데까지 하면 안 됩니다.

물은 95도나 98도에서 끓지 않습니다.

100도가 되어야 끓듯이,

기도의 응답을 원한다면

기도의 불을, 기도의 온도를 끝까지 올릴 필요가 있습니다.

남과 북이 하나로

"그는 우리의 화평이신지라 둘로 하나를 만드사 원수 된 것 곧 중간에 막힌 담을 자기 육체로 허시고 …십자가로 이 둘을 한 몸으로 하나님과 화목하게 하려 하심이라"
(에베소서 2장 14절, 16절)

 아픔과 분노와 눈물로 읽었던 책이 있습니다.

강철환 씨의「수용소의 노래」라는 책입니다.

북한의 체제 유지용이라 할 수 있는 수용소 시설 가운데 하나인 요덕 수용소에서 지낸 10년간의 지옥 같은 생활을 묘사하고 있습니다.

혹독한 체벌과 중노동, 쥐나 지렁이가 없어서 못 잡아먹을 정도로 인간 이하의 삶을 살고 있는 사람들이 그곳에만 해도 5만 명이 됩니다.

총살이나 교수형을 공개적으로 집행함으로 공포심을 조장해 체제를 유지하는 것이 북한입니다. 이렇듯 자유를 잃어버린 북녘의 동포들에게 평화를 주시기를 주님께 기도합시다.

"둘로 하나를 만드사 중간에 막힌 담을 허시는" 십자가의 사랑과 성령의 능력만이 이 일을 가능하게 하실 것입니다.

그보다 심한 용평 수용소는 죽이기 위해 노역을 시키고 죽어도 어느 누구도 관심을 기울이지 않는 곳이라고 합니다.

행복 리메이크

"우리도 그러한 줄을 자기 속으로 다시 생각할 것이라"
(고린도후서 10장 7절)

 생각의 차이가 행복과 불행을 바꾸어 놓습니다.

때로 씻는 것이 귀찮을 때가 있지만, 씻을 수 없을 때를 생각하면 행복한 일입니다.

운동이나 공부도, 예배나 봉사도, 하기 싫을 때가 있지만 하고 나면 다 유익하고 행복을 가져다주는 것들입니다.

수많은 머리카락이 어지럽게 널렸다는 것은 그렇게 많은 머리카락을 가졌다는 증거물이고, 신발이 다 닳았다는 것은 그만큼 건강해서 많이 다녔다는 증거물이고, 배가 고프다는 것은 아직도 살아있다는 증거이기도 합니다.

무거운 짐을 들게 되는 것도 두 손을 가지고 있기 때문에 가능한 것입니다.

좋은 생각이 행복을 리메이크합니다.

인간사용 설명서

"하나님이 그가 하시던 일을 일곱째 날에 마치시니 그가
하시던 모든 일을 그치고 일곱째 날에 안식하시니라"
(창세기 2장 2절)

 구입한 가전제품과 함께 도착한 '제품 사용 설명
서'에는 이렇게 적혀 있었습니다.

"제품 사용 전에 설명서를 잘 읽으신 후에 바르게
사용하여 주십시오."

그 사용 설명서는 가전제품을 만든 사람이 적은 것입니다.

마찬가지로 인간을 창조하신 하나님께서 주신 설명서에 따르면

"엿새 동안은 힘써 네 모든 일을 행할 것이나 일곱째 날은 (네 하
나님 여호와의 안식일인즉) … 아무 일도 하지 말라(출 20:9~10)"하셨
습니다.

인간을 심히 기묘(시 139:14)하게 창조하신 그 분의 가르침을 따라

인간을 일회용 배터리처럼 사용할 것이 아니라 충전식 배터리처

럼 **휴식**과 **재충전**을 통해 **무한대의 가능성**을 살리고 사랑해

야 할 것입니다.

40-30-22-4-4법칙

"내일 일을 위하여 염려하지 말라 내일 일은 내일이 염려할 것이요 한 날의 괴로움은 그 날로 족하니라"
(마태복음 6장 34절)

 '40-30-22-4-4법칙'이란 것이 있습니다. 사람들을 조사해 보았더니 40%는 일어날 수 없는 일을 주로 걱정하고, 30%는 이미 일어난 일을 걱정합니다. 22%는 일어나도 별 것 아닌 일을 걱정하고, 4%는 걱정해 봐야 하나님의 손에 달려 있는 것을 걱정합니다.

이렇게 보면 인생의 걱정거리 중 96%는 우리가 걱정해 봐야 아무런 소용이 없는 걱정으로 인생을 낭비하고 산다는 것입니다. 나머지 4%도 걱정할 일이 아니라 계획을 세워서 노력하고 실천해야 할 일들 뿐입니다.

예를 들어서 성적이 부족하거든 계획을 세우고 열심히 노력해야 할 일이지 염려할 일이 아닌 것입니다.

그러고 보면 우리가 염려할 일이나, 염려해서 될 일은 하나도 없습니다. 그래서 성경은 **"내일이 염려하게 하라"**고 했습니다.

성경은 결코 염려하지 말라고 말씀합니다. 염려할 시간이 있으면 기도하고, 땀 흘려 노력하시기를 바랍니다.

인터넷 심방시대

"마르다는 예수께서 오신다는 말을 듣고 곧 나가 맞이하되 마리아는 집에 앉았더라"(요한복음 11장 20절)

 예수님의 3대 사역인 '가르치고, 전파하고, 치유하는' 사역은 대그룹 사역인 대중 집회와 소그룹 사역인 심방과 상담 등으로 이루어졌습니다.

심방(尋訪)은 '방문하여 찾아보는 것'입니다.

어느 날, 나사로가 죽었다는 소식을 듣고 예수님은 그 집을 심방하셨습니다. 그리고 부활과 생명의 복음을 전하시고는 슬픔을 당한 유가족(마르다와 마리아)을 불쌍히 여기사 눈물을 흘리셨습니다. 이어서 "나사로야 나오라"하심으로 그를 살리셨습니다. 그날 예수님의 심방을 받은 마리아의 집에는 큰 기쁨이 있었습니다.

대심방 기간에 초신자의 가정을 방문했더니, 심방 준비를 어떻게 해야 할지 몰라서 인터넷으로 알아보니 간식은 '적게 준비 할 것'이라고 조언해서 참조했다고 했습니다. 인터넷이 심방의 도구가 될 수도 있다는 것을 처음으로 알았습니다.

그날 그 가정의 심방을 통해 남편(윤태훈 성도)에게 성경과 예수님의 **부활이 믿어지는 큰 역사**가 있었습니다.

울음의 의미

"예수께서 돌이켜 그들을 향하여 이르시되 예루살렘의
딸들아 나를 위하여 울지 말고 너희와 너희 자녀를 위하
여 울라"(누가복음 23장 28절)

 어떤 사람은 실컷 울고 나서 왜 울었는지를 잊어
버린 사람도 있고, 남이 슬픔을 당한 자리에서 자
기 신세 탓에 눈물을 흘리며 통곡하는 사람도 있
습니다. 그런가 하면, 우리는 마땅히 **자신 때문에 울어야 할
자리**에서 남을 위해 우는 경우도 있습니다.

예수님이 십자가에 달리시기 위해 골고다로 올라가실 때에 주
변에 예수님을 따르던 많은 여인들의 울음소리가 크게 들렸습
니다.

그때 주님이 그들에게 얼굴을 돌이켜 정색하며 하신 말씀이 "나
를 위하여 울지 말고, 너희와 너희 자녀를 위하여 울라"고 하셨
습니다.

사순절과 고난주간을 맞이할 때마다 우리는 십자가를 지신 예
수님 때문에 슬퍼할 것이 아니라 나를 위하여 지신 십자가는 나
때문에 달린 십자가이기에 **나의 허물과 죄악 때문에 울고
돌이켜야** 할 것입니다.

던져야 찾는다

"주라 그리하면 너희에게 줄 것이니 곧 후히 되어 누르고
흔들어 넘치도록 하여 너희에게 안겨 주리라"
(누가복음 6장 38절)

 노회 임원 수련회로 함께한 중국여정에서 마지
막으로 들른 곳은 3.1운동 이후 일본 통치에 조직
적으로 항거하기 위하여 설립한 중국 호남성에
위치한 창사(長沙)의 대한민국 임시정부청사였습니다.

1945년 8월 15일, 광복의 날이 오기까지 김구 선생을 비롯한 우
리 임정 요인들은 상하이와 항저우, 전장, 창사(1937), 광저우, 류
저우, 치장, 충칭 등지로 청사를 옮겨 다니며 광복운동을 전개했
습니다.

때로 어떤 곳에서는 괄시를 받기도 했지만 창사에서는 극진히
환대했고, 오늘날 수많은 한인 여행객들이 (가이드의 도움을 받아야
간신히 찾아 들어갈 수 있는) 임시정부청사 현장을 방문하고 있고, 지
역의 관광 수입도 적지 않다고 합니다.

이처럼 하나님은 손을 펴서 베푸는 자의 펼쳐진 손에 넘치게 부
어 주시기를 기뻐하십니다.

병정놀이 인생

"전도자가 이르되 헛되고 헛되며 헛되고 헛되니 모든 것이 헛되도다"(전도서 1장 2절)

 새삼스럽게 깨닫게 되는 것은 '인생이 병정놀이'와 같다는 것입니다. 모든 사람들은 끊임없이 몰두하고 집착합니다.

계장이 되면 과장을 바라고, 고졸은 대졸을, 일병은 상병이 되기를 고대합니다.

그런데 이미 정상에 섰다고 생각하는 이들도 또 다른 것을 추구하기는 마찬가지입니다. 사장은 회장을, 선생은 교장을, 성직자는 박사를 꿈꿉니다.

그 일의 허무를 깨달을 때까지 재벌은 권력을, 권력은 재벌을 탐합니다.

그렇게 해서 병정놀이로 하루 해가 다 갑니다. 아이들의 병정놀이는 엄마가 부르면 다 끝나듯 **우리네 인생살이도** 그분이 부르시면 다 놓고 가게 될 것입니다.

술 핑계 대는 사회

"포도주는 붉고 잔에서 번쩍이며 순하게 내려가나니 너는 그것을 보지도 말지어다"(잠언 23장 31절)

 우리나라의 음주 인구의 절반은 적정 섭취량 이상을 마시는 것으로 나타나 있습니다. 그 결과 각종 질병 발생과 범죄를 유발하고 있습니다.

과도한 음주는 가족과 지역사회를 병들게 하고 음주 습관을 대물림하는 악순환을 낳습니다.

술은 마시면 마실수록 약물처럼 중독성과 내성(耐性)이 생겨서 점점 음주량이 늘고 끊기가 어려워진다는 사실입니다.

이보다 더 큰 문제는 술로 인한 폭력, 강간 사건은 물론이거니와 교통사고 가해자 중 일부는 술 핑계를 댄다는 점입니다.

문제는 술이 아니라 사람입니다. 술을 끊고 술 문화를 이길 수 있는 건강한 문화의 출현을 소망해 봅니다.

온전한 신뢰

"너희 염려를 다 주께 맡기라 이는 그가 너희를 돌보심이
라"(베드로전서 5장 7절)

 요즈음은 등받이 의자가 있어서 바닥에 앉을 때
에 허리를 받치는데 큰 도움이 되고 있습니다.

그런데 등받이 의자를 받쳐도 몸을 완전히 맡기
지 않고 반만 걸쳐 앉으면 힘들기는 마찬가지입니다.

그래서 깨달은 것이 있습니다.

우리가 예수를 믿을 때에도 예수님께 우리 삶을 완전히 내어 맡
겨야지 반은 걸치고, 반만 기댄다고 하면 오히려 더 힘이 든다는
것입니다.

혹시 당신은 지금 주님을 반만 의지하고 살아가는 것은 아닌
가요?

주님을 온전히 의지하시면 안전합니다.

후일을 웃을 사람

"능력과 존귀로 옷을 삼고 후일을 웃으며"
(잠언 31장 25절)

 모퉁이 돌의 이삭 목사님 간증을 들은 적이 있습니다.

북한 땅에서 만난 할머니 성도는 **기차가 지나갈 때**와 학교에서 아이들이 와자지껄 떠들 때에만 **소리 내어 기도**한다고 했고, **공산당 노래에 찬송 가사를** 붙여 부른다고 했습니다.

청년 성도는 어려운 중에 모은 십일조를 드릴 곳이 없어서 울고 있었고, 그 청년이 어머니 뱃속에 있을 때, 아버지는 순교했다고 했습니다.

할아버지 성도는 헤어지면서 이렇게 인사하더랍니다.

"이 세상에서는 못 만나네… 천국에서 보세."

후일을 웃을 사람은 천국에서 볼 사람입니다.

내 삶의 가지와 잎의 방향

"지혜는 유산 같이 아름답고 햇빛을 보는 자에게 유익이 되도다"(전도서 7장 11절)

 목양실에 환경과 공기정화를 목적으로 조금 큰 화분 두 개를 갖다 놓았습니다.

몇 해가 지나고 발견한 사실은 햇볕을 받는 방향으로는 가지와 잎이 무성하게 자랐다는 것입니다. 그 반대편과는 큰 차이가 생겨서 방향을 바꾸어 놓았습니다.

내 삶의 가지와 잎은 과연 어느 방향이며 크기는 얼마나 되는지 자못 궁금해집니다.

오늘은 어제의 바람과 수고와 기도의 결과이듯이 **내일은 오늘의 선택과 헌신의 열매를** 거두게 될 것입니다.

좋은 열매를 많이 거두어 주인 되신 하나님을 기쁘시게 할 수 있기를 기대합니다.

남자 며느리? 여자 사위?

"그와 같이 남자들도 순리대로 여자 쓰기를 버리고 서로 향하여 음욕이 불 일듯 하매 남자가 남자와 더불어 부끄러운 일을 행하여 그들의 그릇됨에 상당한 보응을 그들 자신이 받았느니라" (로마서 1장 27절)

 '남녀 외 다른 성(性)이 있다?'는 젠더 이데올로기로 사전에도 없는 생물학적 성(Sex)이 아닌 수십 가지의 사회적 성(gender)이나 성적 지향에 따라 호모나 레즈비언 같은 성(性) 정체성 혼돈의 시대를 살아가고 있습니다. 호모나 레즈비언 같은 동성애자(者)들과 자신의 성이 바뀐 상태라고 믿는 트랜스젠더들이 가두시위를 벌이는 세상입니다.

언젠가 우리 집안에 '남자 며느리'와 '여자 사위'가 들어오는 것을 보게 될지도 모릅니다.

그러나 **남자와 여자를 창조하신 하나님**은 남자끼리나 여자끼리 성적 행위를 하는 것은 가증한 일이요, 하나님 나라에 들어가지 못하고 망한다고 하신 말씀을 기억해야 할 것입니다. (레 18:22, 20:13, 신 23:17-18, 왕상 15:12, 유 1:7)

취향도 선택이고, 선택에는 반드시 책임이 따릅니다.

생명을 살린 구제

"선한 행실의 증거가 있어 혹은 자녀를 양육하며 혹은 나그네를 대접하며 혹은 성도들의 발을 씻으며 혹은 환난 당한 자들을 구제하며 혹은 모든 선한 일을 행한 자라야 할 것이요"(디모데전서 5장 10절)

 한국 영남교회사에서 읽은 일화입니다.
진주노회 김상세 공로목사의 부인인 하광보 사모의 작은 봉사가 1950년 6.25 직후, 이 지역 유지 70여 명을 사형에서 구하게 된 사실이 있었습니다.
1949년 여름날, 사천교회 하광보 사모가 몇몇 부인들과 함께 지리산에서 산 기도를 하던 중, 굶주린 공산당 빨치산을 만나 가지고 있던 음식, 물, 옷과 양식 전부를 주고 하산한 적이 있습니다. 그 후 1년이 되지 않아 6.25가 닥쳤고, 사천군을 점령한 공산당에게 구금된 70여 명의 사형이 집행되기 직전에 공산당 부대장 박상갑이 큰 소리로 물었습니다.
"작년 7월 중순 **지리산에서 산 기도한 여성**이 이 중에 있느냐?" 이에 하 사모가 앞으로 나갔고, 하 사모만 사형에서 열외시키려했다. 그러나 하 사모의 간청으로 사형집행을 중지하고 70여 명 모두를 석방했다는 증언이 기록으로 남아 있습니다. 참 과부의 자격인, 선한 행실과 구제는 자신뿐 아니라 남의 생명까지 살리게 된 것입니다.

매뉴얼 익히기

"그러나 너는 배우고 확신한 일에 거하라 너는 네가 누구에게서 배운 것을 알며"(디모데후서 3장 14절)

 집안의 정수기가 노후 되어서 생수를 사다 먹다가 마침 교회 청년이 생수 판촉을 하기에 팔아 줄겸해서 새 것을 들여 놓았습니다.

하루는 집에 혼자 있는데 목이 말라서 정수기 밑에 컵을 받치고 버튼을 눌렀습니다. 정수된 물이 시원하게 아래로 떨어지기 시작했습니다.

그 다음이 문제였습니다. 물이 내려오는 것을 멈추는 작동법을 정확히 알지 못했습니다. 한 번 더 터치하면 그칠 것 같은데, 어쩌면 더 많은 물이 쏟아져 내릴 것 같기도 해서 이러지도 저러지도 못하면서 옆에 있던 그릇 여러 개로 계속 물을 받아 내다가 안 되겠다 싶어서 뒤쪽에 있는 코드를 어렵게 뽑고서야 상황이 종료되었습니다.

한 번만 더 터치하면 될 것을 아내가 정수기 사용법을 설명할 때, 귀담아 듣지 않고 흘려들었다가 된통 혼이 났습니다.

인생의 매뉴얼인 하나님의 말씀을 읽을 때나 들을 때에도 귀담아 들을 필요가 있습니다.

본능과 의지

"좀더 자자, 좀더 졸자, 손을 모으고 좀더 누워 있자 하면 네 빈궁이 강도 같이 오며 네 곤핍이 군사 같이 이르리라"(잠언 6장 10, 11절)

 앉으면 눕고 싶고, 누우면 자고 싶은 것이 사람의 본능입니다. 그러나 본능대로만 산다면 후일을 기대하기는 어렵습니다.

남에게 유익을 주고, 역사에 빛을 남긴 사람들은 한결같이 잠을 줄이고, 고난을 벗 삼아 부지런히 일한 사람들입니다.

졸고 눕기를 좋아하는 사람의 친구는 '빈궁이'와 '곤핍이'가 될 것이 분명합니다.

한국교회도 국민소득 2만 불을 넘어가면서 새벽 기도회가 쇠락하기 시작했습니다. 영적인 빈궁과 곤핍이 강도같이 군사같이 오고 있는데, 이를 막아낼 방도는 **새벽을 깨우는 기도의 의지** 밖에 없습니다.

당신은 새벽형 인간입니까? 아침형 인간입니까?

새벽을 깨우는 사람이 역사를 만들어 갑니다.

오늘의 만나

"이스라엘 족속이 그 이름을 만나라 하였으며 깟씨 같이 희고 맛은 꿀 섞은 과자 같았더라"(출애굽기 16장 31절)

'만나'는 '맛나'와 다릅니다.
'만나'는 이스라엘 백성들이 출애굽 하여 광야를 지날 때에 농사할 수 없는 상황에서 하나님께서 40년간이나 하늘 양식으로 비같이 내려 준 것입니다.

그러나 이 양식도 거두러 나가야 얻을 수 있었습니다.

만나는 거두는 것이 목적이 아니라 먹어야 했습니다.

그대로 두면 썩고 냄새나서 버릴 수밖에 없었습니다.

하늘 양식인 만나를 먹은 사람은 하나님의 백성으로 살아야 하는 사명이 주어졌습니다.

오늘날의 만나는 하나님의 말씀입니다.

듣기만 하고 행하지 않으면 아무 소용이 없습니다. 만나를 **일주일에 한 끼만 먹고도 살 수 있을까**를 고민해 볼 일입니다.

몸의 역습

"하나님은 아프게 하시다가 싸매시며 상하게 하시다가 그의 손으로 고치시나니"(욥기 5장 18절)

 5~6개월 전부터 목에서 팔까지가 불편하다는 느낌을 받았지만 그런대로 견딜만했고, 당시에는 교우들 중에 입원 환자가 많기도 해서 환자 심방을 다니느라 자신의 병 치료는 안일하게 여겼습니다. 그러나 통증이 심해져서 요즘에는 치료를 받고 있습니다.

물리치료사가 잘 돌아가지 않는 팔을 돌릴 때는 입안에서 악! 소리가 날 때가 있습니다. 그러면서 느낀 것이 이것이 '몸의 역습'이구나! 하는 것이었습니다.

하나님의 성전인 몸을 잘 돌보지 않은 것에 대한 대가는 반드시 치르게 되는 것을 경험하고 있습니다.

그러나 우리 하나님은 '아프게 하시다가 싸매시는' 좋으신 하나님이심을 믿고 신뢰합니다.

묻어 둔 상처

"상심한 자들을 고치시며 그들의 상처를 싸매시는도다"
(시편 147편 3절)

 그냥보기에는 슬픔과 걱정이 하나도 없어 보이는
사람도 차 한 잔 마시며 또는 기도회를 하면서
마음을 열어보면 누구에게나 묻어둔 상처가 한두
가지는 있는 것을 발견하게 됩니다.

아무에게도 말 못할 사정이 있습니다. 그래서 그동안 꽁꽁 싸매
서 묻어 두었던 **내 마음의 항아리의 뚜껑**을 여는 순간 마음
속 깊은 곳에 햇빛이 들고 어둡고 습해서 곰팡이 슬던 내 마음의
우울로부터 자유와 해방을 맛보게 됩니다.

내 옆에 있는 사람 그 누구에게도 이런 상처 하나쯤은 있다는 것
을 알고 **그 상처를 보듬고 이해해 주어야 할 사람**은 다름
아닌 바로 당신입니다.

마음을 열고 경청하기 시작하면 그 순간 누구나 상담사
(counselor)가 될 수 있습니다.

마지막 고객

"네 샘으로 복되게 하라 네가 젊어서 취한 아내를 즐거워 하라"(잠언 5장 18절)

 하루 종일 세일즈(sales)를 하고 퇴근하는 직장인 남자가 하루 일과를 마치고 집에 도착해 현관문을 열기 전에 다짐하는 자기만의 주문이 있다고 합니다.

"나는 지금 마지막 고객을 만나러 간다!"

하루 종일 일을 하며 이런저런 부류의 많은 고객을 만나 이미 몸과 마음이 파김치일 것입니다. 머릿속에서는 '어서 집에 들어가 아무 것도 하지 않고 무조건 쉬고 싶다'는 생각이 지배적일 것입니다.

하지만 그 남자가 아내를 마지막 고객이라고 여기고 집에 들어가면 절대 화를 낼 수 없고, 아내가 원하는 것을 빨리 파악해 밝은 표정으로 최선을 다해 친절을 베풀 수 있지 않을까! 하는 생각에서입니다.

가까운 부부 사이라도 **더 애틋하게, 함부로 대하지 않는 사랑의 배려**가 필요할 것입니다.

믿음과 행함

"네가 보거니와 믿음이 그의 행함과 함께 일하고 행함으로 믿음이 온전하게 되었느니라"(야고보서 2장 22절)

 제가 전도해서 신앙생활을 하시는 남자 성도님은 아직까지는 간신히 주일에 교회에 오시는 정도입니다.

집안에서 혼자 예수를 믿기 때문에 애경사가 겹치면 주일도 성수하지 못할 때가 있습니다.

그분에 대한 저의 바람은 약해도 괜찮으니 **겨자씨만한 믿음이라도** 끝까지 붙잡으라는 것입니다.

그러나 일구이언을 하더라도 다시 말씀드리고 싶은 것은 기왕 예수 믿는다면 **온전히 믿었으면** 합니다.

왜냐하면 '구원은 믿음으로, 상급은 행함으로' 받기 때문입니다.

마지막 날에 상 주시는 그분 앞에서 웃기 위하여 말입니다.

폐업 감사(?) 예배

"범사에 우리 주 예수 그리스도의 이름으로 항상 아버지 하나님께 감사하며"(에베소서 5장 20절)

 샤론 꽃 화원을 운영하시는 꽃 권사님께서 "예배를 드릴 수 있게 시간을 내어 달라"고 하셨습니다. 그 이유를 여쭤보니 "27년 동안 한 자리에서 하시던 꽃집을 이제 그만 두신다"며 "하나님께 감사하여 예배드리겠다"고 말씀하셨습니다.

그동안 개업, 건축, 이사, 승진, 돌, 결혼, 칠순, 팔순, 장례 등 많은 예배의 요청을 받고 예배를 드린 적은 있었지만, 폐업을 하면서 감사 예배를 드리는 것은 처음이었습니다. 아주 생소하기는 했지만 바른 예배라는 생각을 하게 되었습니다.

서른한 살에 혼자 되셔서 두 아들을 키워 그들이 가정을 꾸리기까지 얼마나 많은 땀을 흘리며 애를 쓰셨을 지 짐작이 갑니다. 그러나 권사님은 그 모든 것이 다 **에벤에셀 하나님이 도우시는 은혜**였다고 고백하며 감사의 예배를 드렸습니다. 그리고는 주변에 폐업 떡을 돌린 참 멋진 권사님이십니다.

운다는 것

"나를 기가 막힐 웅덩이와 수렁에서 끌어올리시고 내 발을 반석 위에 두사 내 걸음을 견고하게 하셨도다"
(시편 40편 2절)

 어떤 어머니가 논산 훈련소에 큰아들을 입소시키고 돌아오는 차안에서 하염없이 울었습니다.

그런데 둘째 아들이 핸들을 잡기 시작한 때로부터 약 두 시간 가량 어머니는 눈물을 그쳤습니다.

왜냐하면 둘째 아들이 운전면허를 따고 처음으로 고속도로 주행을 하는 것이기 때문이었습니다.

어떻게 보면 눈물도 울만해서 우는 것입니다.

너무 기가 막힌 일을 당하거나 힘든 일을 당하면 눈물도 흘리지 못하는 것입니다. 울 수 있는 것도 그나마 편안하다는 것일 수 있습니다.

숨죽여 울지도 못하는 북한 동포들도 있음을 기억합니다.

북한 땅에도 평화의 봄이 속히 오기를 소망해 봅니다.

시대가 찾는 사람

"그의 후손이 땅에서 강성함이여 정직한 자들의 후손에 게 복이 있으리로다"(시편 112편 2절)

 예로부터 권력을 잡으면 재물이 따라오는 것은 당연한 것으로 여겼습니다. 그러나 그렇지 않은 인물도 있습니다.

조선 중기 임진왜란 때 영의정과 도체찰사(都體察使)로, 국정과 군무를 총괄했던 **서애 류성룡(1542~1607) 선생**은 이순신 과 권율을 발탁하기도 했고, 국난을 이겨낸 뛰어난 정치가였습 니다.

안동 하회 마을 충효당(忠孝堂)에서 그의 **애국심**과 **강직한 인품**을 대할 수 있어 감동을 받은 적이 있습니다.

영국의 엘리자베스 여왕이 묵고 가서 화제가 되기도 했던 그의 집은 국가 최고직을 지내고서도 무일푼으로 낙향하여 후손과 유 림들에 의해 지어진 것으로 그가 얼마나 청렴결백했는지를 잘 보 여주고 있습니다.

류성룡 선생은 존경받는 사람이 적은 이 시대에 우리 모두의 귀 감과 사표(師表)가 되고 있습니다.

우리도 이런 사람이 될 수는 없을까요?

교회 안의 무신론자

"형제들아 너희는 삼가 혹 너희 중에 누가 믿지 아니하는
악한 마음을 품고 살아 계신 하나님에게서 떨어질까 조심
할 것이요"(히브리서 3장 12절)

 친구 따라 강남 간다고 별 생각 없이 교회에 왔
다가 2~3년이 지나서 세례를 받고, 수년이 지나
주일 출석을 잘한다고 서리집사 임명을 받습니다.
자신은 서리집사가 될 자격이 없다고 생각하지만 먼저 집사가
된 친구들을 보면 자신과 별반 다르지 않다는 생각에 집사가 됩
니다.
문제는 아직도 **하나님의 살아계심과 구원에 대한 확신**이
없다는 것입니다. 그럼에도 세월이 흘러 안수집사나 권사가 된
사람도 있습니다.
오늘날 교회가 무신론 직분자를 양산하고 있는 것은 아닌지 돌
아보아야 할 때입니다.

성경 읽기는 영적 헬스

"너희가 성경에서 영생을 얻는 줄 생각하고 성경을 연구하거니와 이 성경이 곧 내게 대하여 증언하는 것이니라"
(요한복음 5장 39절)

 이른 아침 동이 트기 전부터 해가 저문 시간까지 헬스장에는 건강을 지키려는 사람들의 발걸음이 끊이지 않습니다.

런닝 머신부터 실내 자전거나 엑스바이크를 타기도 하고, 상체운동을 위해 아령이나 인크라인프레스, 숄더프레스 같은 역기를 들어 올리고, 하체 운동을 위해 발로 밀어내는 레그프레스, 무릎을 펴는 레그익스텐션 등과 같은 기구들을 이용하고, 양팔을 가슴 쪽으로 모으는 버터플라이를 사용하기도 합니다.

이러한 운동은 우리 몸이 건강하기 위해 근육을 만드는 운동입니다.

그렇다면 **영혼을 위한 헬스**에는 어떤 운동이 있을까요? 가장 좋은 운동은 성경을 읽고 묵상하고 기도하는 것입니다. 우리 영혼이 아프지 않기 위해서 말입니다.

우연이 아닌 필연

"내가 여호와를 항상 내 앞에 모심이여 그가 나의 오른쪽에 계시므로 내가 흔들리지 아니하리로다"(시편 16편 8절)

 제가 섬기던 교회 서(병일) 집사님의 부친이요 지금은 작고(作故)하신 서용희 집사님은 종이가 귀하던 시절 시멘트 포장지에 성경 한 권을 숯으로 기록해서 등에 지고 만주 벌판을 다니셨고, 혼자 식사를 하셔도 항상 **2인분 식사**를 차리게 하고, **방석도 두 개**를 놓게 해서 항상 주님과 동행하는 것을 생활화하며 살았다고 합니다.

건천제일교회에 출석하실 때에는 아와에서 건천까지 40~50킬로미터를 걸어서 새벽 기도를 다니셨고, 저녁에 대심방 도착이 되는 가정임에도 아침부터 두루마기를 입고 동네 입구에 나가서 목사님을 기다려서 영접했다고 합니다.

지금은 백여 명에 가까운 그 후손들이 다 예수를 믿고 잘 사는 복을 누리고 있는 것은 우연(偶然)이 아닌 필연(必然)인 것을 깨닫게 됩니다.

219

알 것 같은 하나님 마음

"너희가 열매를 많이 맺으면 내 아버지께서 영광을 받으실 것이요 너희는 내 제자가 되리라"(요한복음 15장 8절)

 새벽 기도회를 다녀와서 베란다에 있는 화분에 물을 주었습니다.

20년이 넘은 고무나무, 선물로 받은 알로에, 남십자성, 페페로미아, 자금우(천냥금) 등의 화초였습니다.

골고루 물을 주면서도 물을 정성껏 좀 더 충분히 주게 되는 화분은 꽃을 피우고 있는 화초나, 열매를 맺고 있는 나무였습니다.

그러면서 깨달은 것이 있습니다.

농부 되시는 하나님께서도 우리가 꽃을 피우고, 열매를 맺으면 더 기뻐하시고 더 좋은 것으로 채워 주시겠구나! 하는 것이었습니다.

화분에 물을 주면서 조금은 알 것 같은 하나님의 마음을 읽을 수 있어서 기쁜 아침이었습니다.

강대상 종의 위력(?)

"그러나 나의 하나님 여호와여 주의 종의 기도와 간구를 돌아보시며 주의 종이 주 앞에서 부르짖는 것과 비는 기도를 들으시옵소서"(역대하 6장 19절)

한국교회를 찾은 외국인이 예배 중에 통성기도를 하는 것을 보고 큰 걱정을 했습니다.

'수백, 수천 명이 저렇게 큰 소리로 간절하게 부르짖어 기도하는데 어떻게 멈추게 하고 다음 순서를 진행할까?'하는 걱정이었습니다.

그러나 그 외국인 성도의 염려는 기우였습니다.

강대상에서 기도를 인도하던 목사님께서 강대상에 놓여 있는 작은 종을 몇 번 치자 약속이나 한 듯이 회중석은 고요해졌습니다.

강대상 종의 위력이 아니라 성도들이 예배를 위해 한 마음이 되었기 때문입니다.

교회에서는 **정치나 세상 이야기를 하**면 사분오열될 수밖에 없지만 **예배하며 찬송하고 기도하면 하나**가 되는 것입니다.

은혜가 쏟아진 곳

"보라 지금은 은혜 받을 만한 때요 보라 지금은 구원의 날이로다"(고린도후서 6장 2절)

 당신은 교회에서 은혜가 가장 많은 곳이 어디라고 생각하십니까? 흔히들 강대상이라고 생각하거나 본당 혹은 기도실이라고 생각하시겠지만 실은 주차장이라는 뼈있는 이야기가 있습니다.

우리가 예배 중에 말씀의 은혜를 받으면 배 아파하는 존재가 있는데 그가 악한 마귀입니다.

그래서 성도가 은혜 받으면 할 수 있는 대로 곧 바로 쏟아 버리게 만들기 위해 주차장에서 서로 차를 먼저 빼려다가 접촉사고가 나고 고성이 오가다가 싸움이 일어나기도 합니다.

그래서 방금 받은 은혜를 주차장에 다 쏟아 버리고 가기 때문에 **주차장에 은혜가 쌓여 있다**는 이야기입니다.

지금은 은혜 받을 만한 때이기도 하지만, 받은 은혜를 잘 간수하고 남에게 은혜를 끼쳐야 할 때이기도 한 것입니다.

당신은 받은 은혜를 어떻게 관리하고 있습니까?

좋은 교회, 좋은 목사

"네 양 떼의 형편을 부지런히 살피며 네 소 떼에게 마음을 두라"(잠언 27장 23절)

 교회를 건축하시다 혈압으로 쓰러져 언어장애가 왔습니다. 그 후로 한 번 설교를 하려면 이미 써 놓은 원고를 20번이나 먼저 읽고, 그것도 충분치 않아서 설교 중에도 원고에서 시선을 놓치지 않으려 노력하시며 무려 11년을 교회 강단에서 목회 하신 분이 계십니다.

그분은 은퇴 후에도 원로목사로 추대되셔서 17년을 더 사시다가 돌아가셨습니다.

바로 부산 동신교회와 계안식 목사님의 이야기입니다. **훌륭한 인품**으로 교인들에게 **감동**을 끼쳤던 목사님이나 설교 원고에서 눈을 떼지 못하는 목사님을 11년 동안이나 담임으로 계속해서 모시고 함께 교회생활을 했던 동신교회 성도들의 이야기가 우리의 가슴을 뭉클하게 합니다.

치매와 본심

"내가 배불러서 하나님을 모른다 여호와가 누구냐 할까
하오며"(잠언 30장 9절)

 질병 중에 고약한 병이 치매입니다. 요양병원에
입원해 계신 아버님을 종종 찾아뵙는 효자 아들
의 하소연은 아버지가 자신을 보고 자꾸만 '아버
지'라고 한다는 것입니다. 이제는 아예 찾아뵙기가 민망하고 싫
어진다며 하소연을 했습니다.

그런데 치매는 누가 걸릴지 아무도 모릅니다.

치매에 걸린 본인이 하는 행동도 알고 보면 본인의 의지나 지각
과 아무 상관이 없는 행동이고 이후에 내가 그렇게 되지 않는다
는 보장도 없습니다.

그래서 **미리 해놓고 싶은 고백**이 있습니다. 혹시라도 내가 늙
고 치매에 걸려서 만약에 "하나님을 모른다"라고 하거든 그 말
은 무조건 내 신앙과 정반대요, 본심이 아니라 다만 치매 증상일
뿐이라는 것을 하나님이 아실 것입니다.

거듭하는 기도, 거듭나는 기도

"너희가 온 마음으로 나를 구하면 나를 찾을 것이요 나를 만나리라"(예레미야 29장 13절)

 특별히 석사 기도의 경우, 조금 전에 기도를 했음에도 잊어버리고는 다시 기도를 하고 식사를 하는 때가 자주 있지요.

기도는 많이 할수록 좋다며 위안을 삼지만 한편으로는 '왜 그랬을까?' 하는 생각을 해 볼 때가 있습니다.

'한 번 식사에 두 번 기도'를 곰곰이 생각해 보면 앞서 한 기도에 전심으로 기도하지 않고 건성으로 했다는 생각을 부인할 수 없습니다.

일용할 양식을 대할 때마다 농부의 88(여든여덟)번의 손길이 닿고 그 위에 하나님의 햇빛과 수분을 공급하시는 은총을 기억하고 감사하는 마음을 담아 **집중해서 기도함**으로 우리의 기도가 거듭 날 때, 거듭하는 기도를 넘어서게 될 것입니다.

기도 생활이 내 신앙의 수준입니다.

용서받는 용서

"용서하라 그리하면 너희가 용서를 받을 것이요"
(누가복음 6장 37절)

 어느 날 불현듯 깨닫게 된 것은, 내 안에 용서하지 못하고 있는 사람들이 있다는 사실이었습니다.

한 사람은 신학대학원 시절에 동기 신학생을 구타한 담임 목사였고, 또 한 사람은 친구 목사님을 제명까지 했던 교단의 지도자였습니다.

온당치 않은 이유로 괴롭히고, 치명적인 상처를 주었던 그들로 인해 분개하고 미움을 품은 채 지낸 세월이 벌써 20년이 훌쩍 넘었다는 것을 알고 저도 놀랐습니다.

그런데 어느 순간엔가 그들을 **조건 없이 용서**하고 내려놓을 수 있는 마음을 성령께서 주셨습니다.

어쩌면 당사자들은 다 잊어버렸을지도 모를 일을 저 혼자만 가슴에 쓴 뿌리로 가지고 있었고, 때로 그 일이 기억나면 또 다시 분노가 일어나는 것을 느꼈습니다.

그들을 용서한 이후에 덕을 본 것은 그분들이 아니라 **바로 나 자신**입니다. 용서받는 용서를 제대로 경험한 것입니다.

우선순위

"누구든지 자기 친족 특히 자기 가족을 돌보지 아니하면 믿음을 배반한 자요 불신자보다 더 악한 자니라"
(디모데전서 5장 8절)

 어느 학교 교무실에서 선생님들 사이에 '가정이 우선이냐? 직장이 우선이냐?' 하는 논란이 벌어졌는데, 대다수가 월급을 주는 직장이 우선이라는 대답이 우세했습니다.

그러나 30세의 젊은 나이에 백만장자가 되어 돈만 추구하던 밀러드 풀러는 아내로부터 이혼 요구를 당하자 아내와 함께 모처럼 아프리카 여행을 떠났습니다.

그곳에서 집이 없이 비를 맞고 사는 사람들을 보며 기독교 정신에 따라 집을 지어 주는 사업을 시작하여 30여 년간 150만 명의 가난한 사람들에게 30만 채 이상의 집을 지어주는 해비타트의 창시자가 되었습니다.

우리는 지금 **직장을 위해 가정**을 두고 있는지, **가정을 위해 직장생활**을 하는지 먼저 구해야 할 우선순위가 분명해지면 우리가 어떻게 살아야 할지를 결정하게 될 것입니다.

만족하십니까?

"우리가 무슨 일이든지 우리에게서 난 것 같이 스스로 만족할 것이 아니니 우리의 만족은 오직 하나님으로부터 나느니라"(고린도후서 3장 5절)

 예수를 믿는다는 것은 예수님을 나의 구주와 주님으로 고백하고, 그분의 말씀이 진리임을 인정하는 것 그 이상입니다.

예수님을 내 삶의 전부라고 결단하며 실행하는 삶을 사는 것을 말합니다.

영원히 소유할 수 없는 것을 위해 영원한 것을 포기하지 않는 것입니다. 눈에 보이는 것과 비교할 수 없는, 보이지 않는 보다 더 영원한 것을 소망하는 것입니다.

하나님께서 우리에게 독생자를 주셨다는 것은 **하나님은 나 하나로 만족하시기로 작정하셨다**는 말입니다.

그런데 정작 우리는 어떻습니까? 과연 하나님 한 분만으로 만족하고 계십니까?

하나님 한 분 만으로 만족하는 사람이 진정한 행복자입니다.

배려

"경건에 형제 우애를, 형제 우애에 사랑을 더하라"
(베드로후서 1장 7절)

운전자 쪽 창문을 열고 운전을 하다가 종종 낭패를 당한 경험이 있습니다.

앞 차 운전자가 담배를 피우며 달리다가 창밖으로 담뱃재를 털 때면 담뱃재가 뒷 차의 열린문으로 들어와서 급하게 창문을 올려야 했습니다.

조금만 생각해 보면 충분히 알만한 일을 아무렇지 않게 행동하는 모습을 보면서 '우리 사회가 아직도 남에 대한 배려에 무감각 하구나'하는 생각을 여러 번 한 적이 있습니다.

길을 가면서 담배를 피우는 것도 마찬가지입니다.

성경은 경건한 사람이라 하더라도 그 경건 위에 형제 우애와 사랑을 더하라고 했습니다.

이것은 다른 말로 하면 배려라고 할 수 있습니다.

배려하면 피차가 행복해집니다.

거지 근성

"주 예수께서 친히 말씀하신 바 주는 것이 받는 것보다 복이 있다"(사도행전 20장 35절)

 대접하는 사람은 남의 말을 할 시간이 없고, 남을 대접하지 않는 사람은 남의 말을 많이 하게 되어 있습니다.

나는 대접하기 싫어도 남이 왜 나를 대접하지 않는가 하는 심보가 우리 안에 있습니다. 얻어먹어야 기분이 좋은 것은 못 살던 시절의 거지 근성이 내 안에 남아있어서입니다.

그러나 실제로는 대접 받을 때보다 대접 할 때의 기쁨이 훨씬 더 큰 것을 경험적으로 알게 됩니다.

손을 움켜 쥘 때의 주먹보다 손바닥을 펼 때의 즐거움이 몇 배나 더 클 것입니다.

"주는 것이 받는 것보다 복이 있다"라고 주께서 말씀하신 이유는 우리가 이것을 실천하기가 그만큼 어렵기 때문일 것입니다.

잘 베푸는 사람을 보고 배우고 실습하는 것이 **그리스도인이 되는 첫걸음**입니다.

사랑은 동사다

"자녀들아 우리가 말과 혀로만 사랑하지 말고 행함과 진실함으로 하자"(요한일서 3장 18절)

 11세기경 잉글랜드 중부지방에 레오프릭이라는 영주가 있었는데, 그가 농사일에 종사하는 노예들인 농노들에게 과중한 세금을 부과하자 그의 부인 고다이버가 세금을 낮추어 줄 것을 요구했습니다.

그러나 레오프릭 영주는 들어주지 않으면서 제안하기를 그렇게 농노들을 사랑한다면 "완전한 알몸으로 말을 타고 영지를 한 바퀴 돌면 세금 감면을 고려하겠다"라고 했습니다.

고민 끝에 실제로 어느 날 아침, **고다이버**는 전라로 말 등에 올라 영지를 돌게 됩니다.

이 소문을 접한 농노들은 집집마다 문과 창을 닫고 커튼을 내려서 영주 부인의 알몸을 보지 않았다는 것입니다.

이것이야 말로 피차에 **행함과 진실함으로 하는 사랑**이요, 사랑은 동사인 것입니다.

숙제가 있는 설교

"너희는 말씀을 행하는 자가 되고 듣기만 하여 자신을 속이는 자가 되지 말라"(야고보서 1장 22절)

 말씀의 실천이 없는 성도는 열매 맺지 못하는 무화과나무와 같습니다. 그래서 설교 중에 회중들에게 종종 숙제를 낼 때가 있습니다.

어버이 주일에는 주중에 부모님께 '감사와 안부 전화 드리기' 숙제를 냈다가 부모님들로부터 "너희 교회 목사님 좋은 분이시구나!"라는 칭찬을 교인들로부터 전해 듣기도 했습니다.

부부 주일에는 "한 번의 약속을 지키며 아직까지 같이 살아줘서 고마워요!"라고 **고백하기 숙제**였는데, 덕분에 부부사이가 더 좋아졌다는 말을 많이 들었습니다.

말씀을 듣고 행하는 사람이 복 있는 사람입니다.

숙제를 싫어하던 교인들도 설교 숙제는 즐거이 하고 있는 것을 봅니다.

얼짱과 꼴짱

"우리가 지금은 거울로 보는 것 같이 희미하나 그 때에는
얼굴과 얼굴을 대하여 볼 것이요 지금은 내가 부분적으로
아나 그 때에는 주께서 나를 아신 것 같이 내가 온전히
알리라"(고린도전서 13장 12절)

 언젠가부터 우리는 인물이 뛰어난 사람을 '얼짱'
이라고 부르고, 인물이 남들만 못하면서 짜증나
는 사람을 '얼꽝'이라고 부르게 되었는데 이 말은
대략 2001년부터 대한민국에서 사용된 신조어입니다.

그러나 정확히 표현하자면 얼굴의 생김새가 뛰어난 사람은 '꼴
짱'이라고 해야 옳고, '얼짱'은 정신 세계나 내면 즉 **영혼이 아
름다운 사람**을 지칭해야 할 것입니다.

왜냐하면 '꼴짱'은 '꼴값한다'고 하고, '얼짱'은 '얼의 꼴'이 아름
다운 사람이기 때문입니다.

모든 사람이 '꼴짱'이 되기는 어려우나, 누구나 자신의 내면을 가
꾸면 아름다운 사람 '얼짱'이 될 수 있습니다.

피곤한 것과 힘든 것

"우리가 선을 행하되 낙심하지 말지니 포기하지 아니하면 때가 이르매 거두리라"(갈라디아서 6장 9절)

 교회 임지를 옮기게 되어서 부임심방을 겸한 대심방을 하게 되었습니다. 전반기 안에 대심방을 마치고 후반기에는 성경공부와 제자훈련 등을 시행하기 위해 심방을 강행하기로 하고 주중 심방 이틀과 주말 심방 이틀을 겸하여 주4일 심방을 하기에 이르렀습니다.

그 결과 35구역을 두 달 열흘 만에 마치게 되었습니다.

여러 사람으로부터 "힘들지 않냐?"는 질문을 받았지만 정작 힘든 것은 심방할 신자가 없는 것이지, 심방할 가정이 많은 것은 단지 조금 피곤할 수 있으나 힘든 일은 아니라는 생각을 하니 힘들지 않게 마칠 수 있었습니다.

피곤한 것은 몸에 관한 것이고, 힘든 것은 마음에 관한 것이기에 마음먹기에 달려 있고, 마음은 몸을 이길 수 있습니다.

담임목사의 주일풍경

"부지런하여 게으르지 말고 열심을 품고 주를 섬기라"
(로마서 12장 11절)

 어느 주일, 아침 7시에 교회에 도착해 30분 후에 주일 오전 1부 예배, 오전 9시 2부 예배, 오전 11시 3부 예배와 설교를 시작했습니다.

3부 예배를 마친 후에는 등록한 새 가족을 위해 기도한 후, 곧 이어 당회실에서 유아세례와 부모 당회문답을 시간을 가졌습니다. 이후 부목사님을 동석하고는 새로 부임하실 지휘자와 목양실에서 첫 대면을 가진 후 오찬을 함께 했습니다.

오후에도 일정은 계속되어서 오후 1시에 세미나실로 이동하여 교회 학교 각부에서 10년 이상 봉사하신 기도 권사님들과 대화하는 시간을 갖고, 은퇴 장로실에 들러 성탄선물로 케이크를 전해 드리고 결혼 주례를 부탁하는 성도 가정과 미팅을 했습니다.

오후 예배 시간의 2부 순서인 교회학교 성탄축하 발표회까지 다 마치고 잠시 교역자실에 들러 교회 학교 각 부서의 특기사항에 대해서만 이야기를 나누고 다시 당회실로 올라와서 정기 당회까지 마친후에야 **주일 하루 일과**가 끝났습니다. 이렇게 분주하게 다녀도 돌아보지 못한 부서와 성도들이 눈에 밟힙니다.

235

말씀의 법도

"내 아들아 나의 법을 잊어버리지 말고 네 마음으로 나의 명령을 지키라"(잠언 3장 1절)

 예전에는 옷장에서 가장 큰 속내의를 찾아서 입었는데, 언젠가부터 그중에 제일 작은 속내의가 내 차지가 되어버렸습니다.

큰 아들과 둘째 아들의 키가 훌쩍 커버려서 187센티미터와 185센티미터가 되어 버렸습니다.

제 키를 훨씬 넘어서버린 아이들에게 바라는 것이 있다면 잠언 3장 1절의 말씀 그대로 **하나님의 말씀의 법도를 잊어버리지 말고** 언제나 마음속에 **하나님의 말씀을 명령으로 받아 살았으면**

하는 마음 간절합니다.

그래서 하나님 말씀의 과녁에 명중하는 화살과 같은 진리 안에서 행하는 자녀들이 되어서 세상의 빛, 세상의 소금같이 존귀하게 쓰임 받기를 기원해봅니다.

웃을 때 예쁜 사람

"그 때에 우리 입에는 웃음이 가득하고 우리 혀에는 찬양이 찼었도다" (시편 126편 2절)

 사람들을 자세히 보면 얼굴이 예쁜 사람이 있고, 웃음이 예쁜 사람이 있습니다.

더러는 얼굴은 예쁜데 잘 웃지 않는 사람이 있고, 얼굴도 예쁜데 웃음까지 예쁜 사람도 있습니다.

웃음에도 억지로 웃는 웃음이 있고,

이미 얼굴에 웃음이 자리를 잡고 피어나는 사람이 있는데,

마음이 담긴 웃음을 보고 나면 적어도 두 달은 기분이 좋습니다.

그런가 하면 웃고 싶어도 마음껏 웃지 못하는 사람도 있는데

예뻐지려고 얼굴을 성형해서 당겼다가 웃지도 못하는 처지가 된 사람입니다.

어느 성형외과 현수막에 "어머니 날 낳으시고 선생님 날 만드셨네"라는 글귀를 본 적이 있는데

얼굴은 의사가 고칠 수 있지만, **미소는 신(神)이 주신 선물입니다.**

걸음아 날 살려라

"만일 사람이 고의적으로 한 것이 아니라 나 하나님이 사람을 그의 손에 넘긴 것이면 내가 그를 위하여 한 곳을 정하리니 그 사람이 그리로 도망할 것이며"
(출애굽기 21장 13절)

 사람이 산에서 짐승을 만난다든지 위급한 일을 당하면 '걸음아 날 살려라!' 하고 도망가야 합니다. 그때는 빠른 걸음걸이가 생명을 결정할 수 있습니다.

운동장이나 실내에 조깅 트랙이 있습니다. 걸음걸이만 부지런히 해도 비만과 병을 이기고 건강해 질 수 있고, 걷기를 게을리 하면 화와 병을 불러올 수 있습니다.

구약 시대에는 도피성 제도가 있었습니다.

고의가 아닌 우발적 사고로 사람이 죽으면 복수를 당하기 전에 우선 피할 수 있는 피난처로 '걸음아 날 살려라' 하고 도망을 쳤습니다.

빠른 걸음과 **바른 걸음**이 사람을 살립니다.

우리의 영원한 도피성은 예수 그리스도와 그 십자가입니다.

목사는 우(牛)시장의 소가 아니다

"암소가 벧세메스 길로 바로 행하여 대로로 가며 갈 때에 울고 좌우로 치우치지 아니하였고"(사무엘상 6장 12절)

 한국교회에 대부분의 목회자들에게 존경 받는 목사님이 계십니다.

바로 임택진 목사님이십니다.

지금은 별세하셨지만, 청량리 중앙교회 원로 목사와 예장통합 교단의 총회장을 지내셨습니다.

개인적으로는 장신대 신대원 시절에 목회 실습을 가르쳐 주신 은사이시기도 합니다.

지난 주간 기도원에서 만난 다른 목사님께 들은 이야기에 따르면, 그 분은 청량리 중앙교회를 담임하던 시절에 섬기던 교회보다 몇 배나 큰 교회에서 청빙이 들어왔지만 "목사는 우(牛)시장에 팔려 나온 소가 아닙니다. 값으로 조건에 따라 팔려가지 않습니다."라는 비유로 정중히 거절하셨다고 합니다.

벧세메스로 가는 **미물인 암소도 사명에 헌신**했는데, 예나 지금이나 목회자도 **조건과 환경에 휘둘리기 쉬운 때**에 후배 목회자들과 청빙하는 교회들에 귀한 모범과 교훈을 남긴 사례여서 큰 울림이 있는 가르침입니다.

행복보다 기쁨

"지금은 너희가 근심하나 내가 다시 너희를 보리니 너희 마음이 기쁠 것이요 너희 기쁨을 빼앗을 자가 없으리라"
(요한복음 16장 22절)

성경에 나오는 위대한 인물들은 항상 행복했을까요?

그렇지 않았을 것입니다. 아브라함도 일가친척과 고향산천을 떠나는 것이 쉽지 않았을 것이고, 모세도 200만 명의 백성들을 빵공장도 수도시설도 없는 광야에서 이끌어 갈 때 늘 행복하지만은 않았을 것입니다.

목회자인 바울과 디모데도 목회사역이 평탄하지만은 않았겠지요. 그럼에도 불구하고 그들이 사명을 감당할 수 있었던 것은 **외적 조건이 가져다주는 행복**보다, **내적인데서 우러나오는 기쁨**이 있었기 때문입니다.

행복해서 기뻐하려면 어렵지만, 기뻐하면 행복해질 수 있습니다.

비록 주어진 환경이 녹록치 않더라도, 위로부터 주시는 비밀한 기쁨을 맛보고 누리며 사시기를 바랍니다.

240

음식과 설교 평가

"하나님의 말씀을 받을 때에 사람의 말로 받지 아니하고
하나님의 말씀으로 받음이니 진실로 그러하도다"
(데살로니가전서 2장 13절)

 교회 주변 지역 재개발과 교회 신축을 염두에 두
고 지난 해 교회 건축 박람회가 열리는 일산의 킨
텍스(KINTEX)를 방문했다가 점심때가 되어 식
당가에 들렀는데 이런 글귀를 읽게 되었습니다.

"음식은 평가되는 것이 아니라 느끼는 것이다."

그 글을 보는 순간 설교와 오버랩(overlap)되는 것을 느꼈습니다.
음식을 평가하려고 먹는 미식가는 가장 불쌍한 사람이고, 이와
마찬가지로 예배에 참석해 설교를 통해 내게 주시는 하나님의
말씀을 받으려 하기보다 설교에 점수를 매기고 평가하려는 것만
큼 불행한 일은 없을 것입니다.

**"영혼의 음식인 설교는 평가하는 것이 아니라 영혼 깊이 받
아들이는 것이다."**

신학생이 설교해도 말씀대로 전하면 아멘하여 하나님께 영광
을 돌리는 사람이 영혼이 맑은 사람입니다.

이름이 뭐예요?

"그 사람이 자기를 옳게 보이려고 예수께 여짜오되 그러면 내 이웃이 누구니이까"(누가복음 10장 29절)

 포미닛의 노래 가운데 '이름이 뭐예요?'라는 노랫말이 있습니다.

"이름이 뭐예요? 전화번호 뭐예요? 몇 살이에요?"

대다수의 사람들이 아파트, 빌라 혹은 연립주택에서 생활하는 오늘날, 언제가부터 우리는 아래위 층에 사는 사람의 얼굴은 간신히 알지 몰라도 이름을 아는 것에는 무관심 해지지 오래되었습니다.

예전 시골에서 아래위 동네에 살면서 '아무개네 누구' 하면 다 알던 때를 생각해 보면 서글픈 생각이 듭니다.

나만 그들의 이름을 모르는 것이 아니라 그들도 내 이름을 알 생각이 없다는 사실이 말입니다.

"네 이웃을 네 자신과 같이 사랑하라"는 말씀의 실천은 아래위 층에 사는 내 이웃의 이름을 아는 것에서부터 출발해야 할 것 같습니다.

두 길

"좁은 문으로 들어가라 멸망으로 인도하는 문은 크고 그 길이 넓어 그리로 들어가는 자가 많고 생명으로 인도하는 문은 좁고 길이 협착하여 찾는 자가 적음이라"
(마태복음 7장 13, 14절)

 주변에 모텔이 많은 교회의 목사님 말씀입니다. "요즈음에는 대낮에도 두 쌍이 나란히 길을 걸어 가다가 한 쌍은 교회로 들어가고, 다른 한 쌍은 자연스럽게 모텔로 들어선다는 것입니다. 마치 교회 들어가듯이 당당하게 말입니다."

많은 경우에 모텔은 하룻밤 묵어려는 여행객을 반기지 않고, 심지어 방을 내주지 않는 경우도 있습니다.

세미나로 부득이 인근 모텔을 예약하게 되면 대낮에는 입실을 하지 못하고 짐만 한쪽 구석에 보관해 두었다가 세미나가 다 끝난 밤늦은 시간에야 입실이 가능한 경우도 있습니다.

그래서인지 우후죽순으로 생겨난 모텔들이 부도나는 일없이 성업 중에 있습니다.

두 길 중, 내가 가는 길이 **'멸망으로 인도하는 길'**인지, **'생명으로 인도하는 길'**인지 분별하고 걸을 필요가 있습니다.

입성 다음은 입감?

"어떤 길은 사람이 보기에 바르나 필경은 사망의 길이니라"(잠언 14장 12절)

선거철이 되면 국민과 국가를 위해 섬기고 일하겠다는 사람들이 너도나도 넘쳐납니다. 그러나 정작 당선이 되고나면 국회는 의석수를 채우지 못해 고심하고, 정책은 최선이나 타협보다 지리한 반목과 대결과 단식투쟁으로 국민들을 지치게 합니다.

큰 절하고 빈 **공약**(空約)과 우여곡절 끝에 국회나 청와대에 입성하고 나면, 오래지 않아 **부정과 비리의 소문**이 매스컴에 오르고 당사자의 부정과 검찰의 반론 그리고 **법정의 다툼** 후에 구치소로 입감되는 일들이 한 회기에 한두 번 있는 일이 아닙니다.

다음 총선이나 대선에서는 입성 다음이 입감이 되지 않도록, 입후보자들의 면면(面面)을 면밀히 보고 선출하기를 기도합니다.

염려와 기도

"너희 염려를 다 주께 맡기라 이는 그가 너희를 돌보심이라"(베드로전서 5장 7절)

 염려와 기도는 동전의 앞뒤 면과 같지만, 그 결과는 판이합니다.

염려는 내가 주인이고, 기도는 주님이 주인이십니다.

성경의 모든 계명은 '하라'와 '하지 말라'인데, 염려하지 말라는 부정적 계명은 오히려 순종하기 쉬운 것이고, 주께 맡기라는 긍정적 계명이 순종하기 더 어려운 것입니다.

염려를 주께 맡기는 순간, 주님의 주되심을 인정하고, 돌보심의 은혜를 입게 되는 것입니다.

당신은 지금 염려하고 있습니까? 아니면 기도하고 있습니까?

염려의 포로입니까? 기도의 사람입니까?

염려하면서 기도하거나, 기도하면서 염려하기보다 먼저 믿고 맡기는 믿음의 사람이 되십시오.

기러기 눈물

"노루가 사냥꾼의 손에서 벗어나는 것 같이, 새가 그물
치는 자의 손에서 벗어나는 것 같이 스스로 구원하라"
(잠언 6장 5절)

 '40대 강남 엄마들 캐나다 유학길 오르다'라는
제목의 기사가 신문의 사회면 타이틀로 실렸던 적
이 있습니다.

내용인즉, "부모가 유학생이면 자녀 학비는 공짜"라는 캐나다
정부의 교육방침에 따라 자녀를 여러 명 둔 강남의 엄마들이 자
녀 조기 유학비를 아끼기 위해, 이미 대학과 대학원을 졸업했음
에도 캐나다 공립 대학교 진학을 시도한다는 것입니다.

그 결과 **기러기 아빠들**을 양산하게 되고, 이들은 **이산가족
신세**로 지내다가 **우울증과 가족 해체**라는 원치 않는 상황으
로 치닫게 되는 것이 어제 오늘의 일이 아닙니다.

기러기 아빠나, 캥거루 엄마뿐 아니라 그 아이들까지 훗날 눈에
서 눈물 흘리게 되는 경우가 많이 있습니다.

아이들 스스로 자기를 구원하게 하고, 더 이상 비정상적인 가정
의 피해자들이 속출하지 않도록 하는 올바른 판단력이 절실합
니다.

포기를 포기하라

"할 수 있거든이 무슨 말이냐 믿는 자에게는 능히 하지 못할 일이 없느니라"(마가복음 9장 23절)

 우리 삶에 문제가 없는 사람은 없다고 할 수 있습니다. 그러고 보면 문제는 살아있는 사람들이 가지는 공통분모이기도 합니다.

마가복음 9장에서 우리는 귀신 들린 아이에게만 주목하기 쉽습니다.

그러나 조금만 더 생각해 보면 '귀신 들린 아이의 아버지는 오죽 답답했을까?' 하는 생각에 이르게 되면 가슴이 찡해 집니다.

그 아이가 내 아이라고 하면 어떻게 하시겠습니까?

그래도 아버지는 그 아이를 포기하지 않고 제자들에게로, 그리고 예수님께로 데리고 왔습니다.

요즈음 자기가 낳은 어린 자녀를 학대하거나 치사(致死)하는 부끄러운 일이 행해지는 때에, 막다른 지경에 이른 **자녀를 포기하기를 포기한 아버지**에게 박수를 보내고 싶습니다.

삶이나 자녀에게 문제가 있습니까?

포기하기를 포기하고, 지금 주님의 도우심을 구하시기 바랍니다.

뇌물 아닌 선물

"네 구제함을 은밀하게 하라 은밀한 중에 보시는 너의 아버지께서 갚으시리라"(마태복음 6장 4절)

 1992년에 있었던 일입니다. 제 보관용 다이어리에는 3월 22일로 적혀 있습니다.

아이들을 위해 피아노를 사려고 화곡동에 있는 강서삼익피아노 대리점에 들러서 주인과 이야기를 나누다가 들은 이야기입니다.

수영선수 조오련 씨가 자신의 이름을 알리지 않고 한 교회에 그랜드 피아노 2대를 기증하자 그 교회 목사님은 혹시나 통일교에서 미끼로 주는 것인가 하여 거부했다고 합니다.

그러나 이름이 알려지는 것을 원치 않지만 믿을만한 신자의 기증이라는 대리점 주인의 설명을 듣고 나서 받았다고 합니다.

은밀하게 하는 구제의 모범을 본 듯해서 아직까지도 감동과 여운이 남아있습니다.

은밀한 섬김은 하나님을 기쁘시게 하고 이웃을 행복하게 합니다.

기도의 스쿼시 응답법

"내 기도가 내 품으로 돌아왔도다"(시편 35편 13절)

 스쿼시(squash)라는 운동이 있습니다. 두 명 혹은 네 명이 사방이 막힌 공간에서 라켓으로 고무공을 쳐서 튕겨져 나오는 것을 계속해서 치는 것입니다.

빨리 칠수록 되돌아오는 속도도 빠르고, 그 방향을 가늠하기 어렵습니다.

기도의 응답도 마찬가지입니다. 내가 원하는 대로가 아니라 하나님의 때와 방법으로 이루어지고, 간절히 매달려 기도하면 응답도 빠를 수 있지만, 기도 응답이 항상 좋은 결과로만 오는 것은 아닙니다.

그러나 기도의 능력은 이미 어떤 결과든지 받아들일 수 있는 준비가 되어 있다는 것입니다.

기도 응답에 더 애가 타시는 분은 공을 넘겨받은 하나님이시란 사실을 기억하면 인내할 수 있습니다.

'기도의 스쿼시 응답법'을 잘 적용해 보시기 바랍니다.

목사여서 다행이다

"주의 종은 마땅히 다투지 아니하고 모든 사람에 대하여 온유하며 가르치기를 잘하며 참으며"(디모데후서 2장 24절)

 종로에서 회의가 있어 지하철을 타기 위해 승강장에 들어서 가판대 앞쪽에 약간의 거리를 두고 서있었습니다.

가판대 안쪽에 있던 70세쯤 보이는 주인이 지나가는 지인을 발견하고는 갑자기 문을 벌컥 여는 바람에 오른쪽 등이 제법 세게 부딪혔습니다.

주인은 아랑곳하지 않더니 지인과 몇 마디하고는 그냥 들어가려 했습니다. 그래서 "아까 문을 열 때 등이 부딪혔다"라고 하자 그는 "왜 문 가까이 서 있느냐?"며 오히려 당당했습니다.

순간 부딪친 것까지는 참을 수 있겠는데 무례함에는 화가 치밀어 올랐습니다. 하지만 참기로 했습니다.

만약에 목사가 아니었다면 시시비비를 가리고 망신을 주었겠지**만 그렇게 해서 좋을 것이 뭐 있겠습니까?**

자리를 피하며 목사인 것이 다행이라는 생각이 들었습니다.

신앙과 불신앙이 싸울 때

"선을 행하지 아니하면 죄가 문에 엎드려 있느니라 죄가
너를 원하나 너는 죄를 다스릴지니라"(창세기 4장 7절)

 매일의 일상에서 보고 듣고 생각하고 말하는 모
든 것들에서
죄가 내 옆에 엎드려 있는 것을 느낄 수 있습니다.
한 사람 안에 선과 악이, 신앙과 불신앙이 공존하다가
어느 하나가 먼저 일어나서 큰 소리 치면,
다른 하나는 맥을 못 춥니다.
내 안에서 게으름과 열심이,
신앙과 불신앙이 싸움할 때,
승리의 룰(rule)은 항상 일정합니다.
내가 먹이를 주는 놈이 항상 이겼습니다.
오늘 하루도 매번의 일상과 선택에서 게으름이 아닌 열심에,
불신앙이 아닌 신앙에 먹이를 주기를 원합니다.
내가 마음으로 손들어 주는 편이 이깁니다.

이단 사이비는 마귀과

"그들은 멸망하게 할 이단을 가만히 끌어들여 자기들을
사신 주를 부인하고 임박한 멸망을 스스로 취하는 자들이
라"(베드로후서 2장 1절)

 새벽 기도회 개인 기도시간에 기도하는데
"악한 마귀 사탄 이단사이비를 물리쳐 주시
고…"

라는 기도가 자연스레 나오는 것을 느끼면서

새삼스럽게 깨닫게 된 것은

'이단 사이비는

마귀 사탄과에 속하는구나!' 하는 것입니다.

한 번 이단 사이비에 잘못 빠지고 나면

마귀 사탄에게 붙잡힌 것과 다를 바가 없기 때문입니다.

이단 사이비에 빠진 한 사람만이 아니라

가족과 교회와 이웃이 함께

기약 없는 고통을 수반하기 때문에

마귀의 전략을 무산시키기 위해

사랑과 말씀으로 서로를 붙들어 줄 필요가 있습니다.

새 하늘표 주름

"그러므로 너희가 그리스도와 함께 다시 살리심을 받았으면 위의 것을 찾으라"(골로새서 3장 1절)

 드라마 '태양의 후예'의 송혜교라도 눈가의 주름은 감추지 못하듯이 나이가 들면서 감출 수 없는 것이 목주름일 것입니다.

온갖 좋은 크림을 다 발라보아도 별 소용이 없습니다.

스카프를 두르면 모를까!

공부하고 일하느라 아래를 내려다보아서 목주름을 만들기도 하지만 컴퓨터 게임이나 스마트폰을 들여다보느라 더 깊게 패이기도 합니다.

그런데 아무리 찾아보려 해도 볼 수 없는 것이 뒷목 주름입니다.

뒷목 주름이 생기려면 **하늘을 쳐다보아야** 합니다.

그것도 하루에 몇 번이 아니라 우리가 평소에 아래를 내려다보듯이 위를 오래 올려다보아야 뒷목 주름이 생길 수 있습니다.

성경은 "위엣 것을 찾으라", "새 하늘을 바라보라"(벧후 3:12)고 하십니다.

새 하늘표 뒷목 주름이 생기길 기대해봅니다.

모래 한 알갱이 같은 인생

"사람이 무엇이기에 주께서 그를 생각하시며 인자가 무엇이기에 주께서 그를 돌보시나이까"(시편 8편 4절)

 시인 다윗의 고백에 따르면 "주의 손가락으로 만드신 주의 하늘과 주께서 베풀어 두신 달과 별들을 내가 보오니…"라고 했는데 그에 비하면 흙으로 빚은 **우주의 먼지 같은 인생**을 주께서 왜 이처럼 사랑하사 독생자를 주시기까지 하셨을까?

하나님과 교통하며 예배하게 하시려고…

우리를 자녀삼아 우리 아버지가 되시려고…

하늘나라 상속자 삼으시려고…

그러나 아브라함에게 주신 복과 같이

"하늘의 별과 같고 바닷가의 모래와 같게 하리니"라고 하신 말씀은 한 편으로 우리 인생은 바닷가 모래밭의 한 알갱이 모래와 같이 보잘 것 없고 미미한 존재인데 창조주께서 복 주시고 가치를 부여해 주심으로 구원의 백성이 되고 하나님의 자녀가 되었으니 까불지 말라는 것은 아닐까!

두 손 주심에 감사

"범사에 감사하라 이것이 그리스도 예수 안에서 너희를 향하신 하나님의 뜻이니라"(데살로니가전서 5장 18절)

 식탁에서 한 손으로는 브로콜리를 젓가락질하며 다른 한 손으로 고추장이 담긴 작은 락앤락 통의 뚜껑을 열려고 몇 차례 시도했지만 실패했습니다.

젓가락을 내려놓고 한 손으로는 락앤락 통을 잡고 다른 한 손으로 뚜껑을 열었더니 그리 쉬운 것을 잠시나마 끙끙거렸던 것이 머쓱하게 느껴졌습니다.

그러면서 새삼 깨달은 것은 두 손이 있다는 것에 대한 감사입니다.

평소에는 당연히 있어야 하는 것으로 여겼던 것이 그날따라 특별한 감사거리가 되었습니다.

두 손이 있어서 **누군가를 꼭 끌어안을 수 있다는 것**이 새로운 기쁨으로 와닿았습니다.

내 옆에 있는 사랑하는 사람을 안아 주고 싶습니다.

진정한 복수는 용서

"우리가 우리에게 죄 지은 자를 사하여 준 것 같이 우리 죄를 사하여 주시옵고"(마태복음 6장 12절)

 주기철 목사님의 넷째 아들이신 주광조 장로님을 간증 강사로 모신 적이 있습니다. 집회를 마친 후, 함께 비행기를 타고 김포공항에 내리면서 한 가지 궁금한 것이 있어서 여쭤 본 적이 있습니다.

"장로님, 현재는 일본인들에 대한 감정이 어떻습니까?"

그때 장로님께서 하시는 말씀이 어머님께서 "용서해야 한다"고 가르치시면서 "그들을 복음화 시키는 것이 원수 갚는 것"이라고 말씀하셨는데 아직까지 마음 깊이 간직하고 있다고 하셨습니다.

주 장로님도 세상을 떠나신 지금 그 분이 전해주신 말씀의 감동은 여전히 큰 울림으로 남아 있습니다.

일본의 복음화를 통해 우리의 용서를 검증해 낼 필요가 있습니다.

일본에 대한 우리 민족의 뿌리 깊은 감정이 진정한 용서를 통해 해묵은 관계를 개선하고 사랑으로 승화되기를 기도합니다.

저주에는 축복이 명약

"너희를 박해하는 자를 축복하라 축복하고 저주하지 말라"(로마서 12장 14절)

 어떤 목사님이 새로 부임한 교회에서 새벽 기도 후에 개인 기도를 하시는 권사님이 소리를 지르며 기도하는 소리를 들었습니다.

워낙 큰 소리로 기도를 하시기에 내용이 다 들렸는데 권사님은 "좋은 목사를 보내 달라고 했더니, 사탄 같은 목사를 보내 주셨냐"며 교회가 떠나가도록 큰 소리로 기도하는 것이었습니다.

그 이유인즉 목사님이 어려움을 당한 성도의 사정을 미리 챙겨서 심방하지 않았다는 것이었습니다. 누가 먼저 알았건 함께 심방하면 될 일이었습니다.

그리고 그 권사님은 선임 장로님의 부인이셨습니다. 이런 사정으로 더욱 기가 막혔지만 사택에 돌아온 목사님은 사모님과 함께 두 사람이 합심해서 그 권사님을 **축복하는 기도만 몇 날 며칠을 계속**했다고 합니다. 그러던 어느 날, 그 권사님과 장로님 내외가 찾아와서는 정중히 사과를 하더라는 간증을 들었습니다. 그 후로 교회는 평안해졌다고 합니다. 저주에는 축복이 명약입니다.

어느 임직자의 고백

"믿음의 선한 싸움을 싸우라 영생을 취하라 이를 위하여 네가 부르심을 받았고 많은 증인 앞에서 선한 증언을 하였도다"(디모데전서 6장 12절)

 어느 맑은 주일 오후, 정원이 예쁘고 마음이 따뜻한 교회 임직식에 순서를 맡아 참석했습니다. 임직하시는 권사님은 일본에 있어 참석하지 못한 아들에게 보낸 문자로 임직 인사를 대신했는데 이 글귀가 임직자의 자세를 일깨워주었습니다.

"엄마가 권사로 임직하는 날, 아들에게 축하 받고 싶었는데 아쉽구나. 세상적으로는 지위가 오르면 명예와 돈이 따르지만 하나님 앞에 엄마가 받은 직분은 하나님 나라를 위하여 더 많은 사랑과 섬김과 헌신, 낮아짐의 자리로 향하여 나아가는 **좁은 길**이다.

몸과 마음, 시간과 물질을 하나님 뜻대로 사용 받기를 힘쓰며 말씀 따라 살아가는 길, 천국을 소유한 엄마가 마땅히 기쁨과 감사함으로 순종하며 택함 받아 나아가는 좁은 길, **생명의 길**인 이 길을 축복하여 주기 바란다."

멍 때리기보다 나은 것

"너는 말씀을 전파하라 때를 얻든지 못 얻든지 항상 힘쓰라" (디모데후서 4장 2절)

세계 최초 '멍 때리기 대회'가 2014년 서울시청 광장에서 열렸습니다.

3시간 동안 아무 생각 없이 멍하니 있어야 합니다. 잠시라도 딴 짓을 하면 실격입니다. 졸거나 웃어도 안 됩니다.

15분마다 심박수를 체크해서 가장 안정적으로 나오는 사람이 우승을 하게 되어 있습니다.

취지는 '현대인들의 뇌는 쉬어야 한다'는 것입니다. 그래서 아무것도 하지 않는 상태를 유지하는 것입니다. 치유(Healing)를 위한 대회입니다.

지나친 뇌의 활동은 심장에 무리를 주는 것이 사실입니다.

불필요한 말을 하기 보다는 차라리 **멍 때리기**가 낫고, 멍 때리기 보다는 적극적으로 **사랑의 말**과 **복음의 말**을 전하는 편을 택해야 할 것입니다.

생각과 말 사이에 보초 세우기

"네 입의 말로 네가 얽혔으며 네 입의 말로 인하여 잡히게 되었느니라"(잠언 6장 2절)

'문제를 문제 삼지 않으면 문제 될 것이 없다' 우리는 생각이 많아서 끊임없이 문젯거리와 염려 거리를 찾아내고 만들어 냅니다.

그러나 문제를 문제로 보지 않으면 아무런 문제가 되지 않고 지나가 버리는 일도 허다합니다.

문제와 염려라는 생각을 말로 떠벌리는 순간, 우리는 그 생각과 말에 종이 되고 맙니다.

오늘 비가 와서 큰일이라고 말하게 되면 비 오는 것이 문제가 됩니다. 그러나 대부분의 경우, 비가 온다고 해서 큰일 날 일은 흔치 않습니다. 조금 불편한 것은 문제될 것이 없습니다.

물론 문제를 삼으면 문제가 되고, 문제를 삼지 않으면 아무런 문제가 되지 않습니다. 차가 밀리는 경우도 비슷한 경우입니다.

우리의 생각과 말 사이에 보초를 세우면 얼마든지 실패를 줄일 수 있습니다.

스스로 의인이 되려하지 말라

"지나치게 의인이 되지도 말며 지나치게 지혜자도 되지 말라 어찌하여 스스로 패망하게 하겠느냐"
(전도서 7장 16절)

 당신은 행복하십니까?

행복하지 못하다면 그 이유가 무엇일까요?

너무 완벽하려 하거나 의인이 되려 하는 것 때문은 아닐까요?

스스로 의인인 체 하려 하거나,

스스로 지혜롭다고 여겨 남을 우습게 여기거나

매사를 비판적으로 보게 되면 행복해질 수 없습니다.

그런 사람은 하나님의 말씀까지 의심하게 되기 때문입니다.

스스로 하나님과 같아지려 하는

아담과 하와의 죄를 답습하는 것입니다.

살면서 실수했던 것들,

망신당했던 것들도 회개했으면 이제는 잊어버리십시오.

그러면 **마음과 삶의 여유**가 생길 것입니다.

과거의 잘못을 끊임없이 곱씹어 보는 것도

내가 너무 의인인 체 하려했던 것은 아닌지

잘 생각해 보시기 바랍니다.

표현하는 사랑이 아름답다

"내가 사람의 방언과 천사의 말을 할지라도 사랑이 없으
면 소리 나는 구리와 울리는 꽹과리가 되고"
(고린도전서 13장 1절)

 사랑은 특정한 색깔이나 모양이나 향을 가지고
있지는 않지만 사랑을 표현하는 순간
빨갛고 노랗게

하트와 동그라미로

장미향과 레몬향으로 나타납니다.

그래서 사랑은 표현할 때 비로소 사랑이 되는 것입니다.

예전에 어른들은 속 깊은 사랑을 했기 때문에 마음속으로는 큰
사랑을 했지만 정작 당사자들에게는 전달되지 못할 때가 많았
습니다.

오히려 나무랄 일에는 꼭 표현하는 습관이 있었습니다.

그래서 사랑을 아프게 만들었습니다.

이제는 나무랄 일만이 아니라 사랑한다는 것도 말로, 행동으로
구체적으로 표현하는 아름다운 사랑을 할 수 있기를 바랍니다.

그저 웃지요!

"사람은 헛것 같고 그의 날은 지나가는 그림자 같으니이다"(시편 144편 4절)

 늘 다니던 미용실에 커트를 하기 위해 들렀는데 전에 담당하던 남자 미용사가 쉬는 날이어서 다른 남자 미용사가 머리를 손질해 주었습니다. 그런데 집에 와서 머리를 감고 났더니 오른쪽 옆이 층이 져 있는 것을 보고 아내가 깜짝 놀랐습니다.

그럼에도 저는 담담했습니다.

별일도 아니거니와 한 달만 지나면 다시 손질할 것이기 때문입니다.

잠시 지나가는 헛된 일에 신경 쓰고 염려하자면 끝이 없습니다.

누구 말처럼 "지구 돌아가는데 지장이 없으면 그냥 지나가자"는 말도 일리가 있습니다.

세 주간이 지난 아직도 머리의 층계는 여전하지만 한 주만 더 지나면 새롭게 정리할 것이기에 그저 웃지요!

원망불가, 탄식가능

"백성이 모세에게 이르러 말하되 우리가 여호와와 당신을 향하여 원망함으로 범죄하였사오니"(민수기 21장 7절)

 '고정관념'은 '고장난 생각'이라는 말이 있습니다. 기도도 마찬가지입니다.

내가 한 모든 기도가 이루어져야 한다고 생각하는 것은 **기도를 요술방망이**로 **착각**하는 것입니다.

기도의 원칙은 주기도문에서와 같이

"뜻이 하늘에서 이루어진 것 같이 땅에서도 이루어지는 것"입니다.

내가 기도한 것이 이루어지지 않았다고 해서 다베라(민 11:1)에서 이스라엘 백성들이 하나님을 원망했던 것 같이 원망하는 것은 옳지 않지만 기도한 것이 이루어지지 않았을 때, 한나처럼(삼상 1:10) 탄식하며 부르짖어 간구하는 것은 얼마든지 가능한 것입니다.

이처럼 기도할 때 '**원망불가, 탄식가능**'을 기억하시기 바랍니다.

구제는 여호와께 꾸어 드리는 것

"가난한 자를 불쌍히 여기는 것은 여호와께 꾸어 드리는
것이니 그의 선행을 그에게 갚아 주시리라"
(잠언 19장 17절)

 은행에 돈을 대출 받으러 갈 때는 옷을 잘 입고
가야 한다는 말을 들은 적이 있습니다. 너무 없어
보이면 돈도 안 빌려 준다는 것입니다.

은행만이 아니라 우리도 남에게 돈을 빌려 주거나 무얼 거저 줄
때라도 보상이 돌아올만한 사람에게 베푸는 경향이 있지 않나
요? 반대급부를 염두에 두는 것은 올바른 구제가 아닙니다.

성경은 오히려 아예 갚을 능력이 없는 사람에게 베풀면 하나님
이 갚아주신다는 것입니다.

우리가 감히 하나님께 꾸어 드릴 수 있는 비결은 **가난한 자를
불쌍히 여기는 방법밖에** 없습니다. 이 보다 더 신나는 일이 있
을까요?

혹시 남에게 꾸어 줬다가 받지 못한 것은 없나요?

가장 확실하게 받고 싶다면 하나님께 꾸어 드리는 편을 택하십
시오.

사랑 하거나 가만히 있거나

"그의 남편 요셉은 의로운 사람이라 그를 드러내지 아니하고 가만히 끊고자 하여"(마태복음 1장 19절)

 말을 적극적으로 하는 사람은 많지만
말을 긍정적으로 하는 사람은 많지 않습니다.
사랑해야 한다고 말하는 사람은 많지만,
정작 자신은 남에게 치명적인 상처를 주는 경우도 있습니다.
행함과 진실함으로 사랑하거나
아니면 가만히 있는 편을 택하는 것이 낫습니다.
사랑의 교회에 사랑이 식어지고
소망 교회에 소망이 사라지고
믿음 교회에 믿음이 적어지고
은진 교회에 은혜와 진리가 떠나가지 않도록
영적 기상도를 날마다 점검해야 하겠습니다.
사랑하거나
사랑하지 못 할 바에는 떠벌리지나 말고
가만히 있기라도 하면 상처 입은 사람들에게
이중 상처를 주지 않을 것입니다.

암을 이기는 영구한 치료제

"예수께서 이르시되 내가 다른 동네들에서도 하나님의 나라 복음을 전하여야 하리니 나는 이 일을 위해 보내심을 받았노라 하시고 갈릴리 여러 회당에서 전도하시더라"(누가복음 4장 43, 44절)

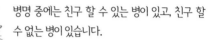 병명 중에는 친구 할 수 있는 병이 있고, 친구 할 수 없는 병이 있습니다.

제가 만난 어떤 장로님은 몇 가지 병을 가지고 있었지만 그 병을 언제나 고약한 친구 정도로 생각하며 달고 살았습니다.

그래도 너무 아플 때는 '지가 아프지 내가 아프냐'하면서 자기 몸과 자신을 이탈시켜 생각했습니다.

그런데 징조도 없이 서서히 찾아와서 끝까지 괴롭히는 병이 암(癌)입니다.

암이 생겼다는 것을 알 때는 이미 세월이 한참 된 때입니다.

혹자는 '암'자가 입구(口)자 세 개 밑에 뫼 산(山)자가 있어서 입이 세 개가 되도록 산같이 먹게 되면 암에 잘 걸린다는 말도 하지만 암의 원인은 다양하고 완전한 치료제도 없으나 영구한 치료제는 **복음**과 **전도**와 **구원** 밖에 없습니다.

전국 요란한 비라니

"땅에 비가 내리지 아니하므로 얼마 후에 그 시내가 마르니라"(열왕기상 17장 7절)

 때는 본격적인 장마철이 시작하기 전이었지만 비가 제법 내렸습니다.

2016년 6월 15일 한 방송사 뉴스의 일기 예보에 '전국 요란한 비'라는 자막이 뜬 것을 보고 깜짝 놀랐습니다. 요란하다는 것은 '시끄럽다', '달갑지 않다'는 의미를 담고 있다고 할 수 있습니다.

장마철에 조금 많이 오는 비는 정말 달갑지 않은 불청객일까?

물론 홍수가 나는 일은 피해야겠지만 비가 오지 않는 땅은 사막화 되고 사람이 살 수 없는 땅이 되고 말듯이 하늘에서 내리는 비를 산과 나무와 풀들이 머금고 있다가 내려주는 그 물이 산 속의 물줄기를 이루고, 그 물이 강으로, 논밭으로 흘러 사람을 살립니다.

우간다에서 '비'는 '축복'과 동의어로 쓰입니다.

조금 일찍 많은 비가 내리더라도 가뭄 때를 생각해서 '요란한 비'라는 표현은 삼가야 할 말입니다. 우리나라는 UN이 정한 **물 부족국가**이기도 합니다.

건강하게 사는 비결

"사람이 하나님께서 그에게 주신 바 그 일평생에 먹고 마시며 해 아래에서 하는 모든 수고 중에서 낙을 보는 것이 선하고 아름다움을 내가 보았나니 그것이 그의 몫이로다" (전도서 5장 18절)

 "아침은 일꾼처럼, 점심은 황제처럼, 저녁은 거지처럼 먹으라"는 말이 있습니다.

부흥회 강사로 초청한 김문훈 목사님의 말씀은 달고 오묘했으며, 접대하기는 어렵지 않았습니다.

아침 식사는 생략하셨고, 점심 식사는 간단히 드시거나 달리 해결하셨고, 저녁 식사만 과하지 않게 드셨습니다. 코스보다는 단순한 메뉴를 선호하셨습니다.

아니 아예 먹는데 별 관심이 없어 보였습니다.

그래서인지 거의 매주일에 몇 곳의 집회를 인도하고 식사 대접을 받으면서도 건강한 몸매를 유지하셨습니다.

그 비결은 '**적게 먹고(Go), 많이 움직이고(Go)**'였습니다.

건강은 의지와 습관입니다.

절제는 성령의 열매이기도 하지만 건강의 비결이기도 합니다.

무지개 수난 시대

"내가 내 무지개를 구름 속에 두었나니 이것이 나와 세상 사이의 언약의 증거니라"(창세기 9장 13절)

 차별금지법과 동성애 문제는 이미 우리 사회에 첨예한 이슈가 되어 있습니다.

'차별'이라는 용어 자체가 부정적인 의미를 담고 있지만, **동성애와 이단이 차별 금지법 안에 숨어서 통과되는 것**은 철저하게 구별해야 합니다.

서울 시청 앞 광장에서 열린 퀴어(queer) 축제에서 여섯 색깔 무지개 색상의 깃발들이 등장했습니다. 무지개를 동성애의 상징으로 차용하고 있는 것입니다. 게이나 레즈비언들은 팔찌(gay bracelet)와 로고, 티셔츠 등에 무지개 색깔을 동성애자나 양성애자 그리고 성전환자와 같은 성소수자들을 대변하는 상징으로 사용하고 있습니다. 그러나 창세기 9장에서 하나님은 범죄한 인간에 대한 홍수 심판이 더 이상 없을 것에 대한 언약의 증표로, 빛과 물과 공기의 절묘한 조화로 생성되는 무지개를 주셔서 하늘과 땅을 이어주신 것입니다. 이런 무지개를 하나님이 가증하다고 말씀하시는 동성애의 상징으로 쓰는 것은 죄의 죄를 더하는, 기분이 개운치 않은 일이 되는 것입니다.(레 18:22, 20:13, 롬 1:26~27)

산티아고 화살표

"주의 말씀은 내 발에 등이요 내 길에 빛이니이다"
(시편 119편 105절)

 신대원 동기 목사님 중에 박성곤 목사님이 안식년을 맞아 35일간 스페인 산티아고(Santiago)를 걷고 온 이야기를 들었습니다.

무려 800킬로미터에 달하는 거리에다가 다른 한 곳까지 해서 900킬로미터를 돌고 왔다고 합니다.

야곱의 스페인식 이름인 산티아고는 영어 이름으로는 세인트 제임스(St. James)인데, 가는 길마다 꽃길이고 처음 가는 길을 가지만 목적지에 잘 도착할 수 있었던 것은 중간중간에 있는 화살표 방향 때문이었다고 했습니다.

산티아고는 대략 7가지 루트로 나누어지는데, 가장 대표적인 길은 까미노 프랑스길(Camino Frances)입니다.

그 먼 길을 화살표만 보고 따라가도 목적지에 도착하는데 하물며 하나님 **말씀의 이정표**를 따라가면 천국에까지 얼마든지 이를 수 있지 않을까요?

살아 있는 것이 성공

"모든 산 자들 중에 들어 있는 자에게는 누구나 소망이 있음은 산 개가 죽은 사자보다 낫기 때문이니라"
(전도서 9장 4절)

 월요일 오후, 가까운 백화점에서 우리 부부와 엘리베이터를 함께 탄 유일한 여자 손님 두 분의 대화 내용을 듣게 되었습니다.

"오늘 점심 때 선택한 음식 메뉴도 엉망이었고, 식사 후에 먹은 빙수도 제 맛이 아니고 오늘은 하는 것마다 다 실패"라고 했습니다.

뒤편에서 이야기를 듣다가 제가 끼어들어서 "살아있는 것이 성공입니다"라고 했더니 고개를 끄덕이며 동의했습니다.

그리고 찌푸렸던 얼굴표정도 금세 밝아졌습니다.

환경은 바뀌지 않아도 **생각이 바뀌면** 실패도 성공이 될 수 있습니다.

눈앞에 보이는 것 하나하나에 일희일비하기보다 **근본적인 감사거리**를 발견하면 언제나 행복할 수 있습니다.

마법은 없다

"네가 네 손이 수고한 대로 먹을 것이라 네가 복되고 형통하리로다"(시편 128편 2절)

 히딩크 감독이 국가대표 팀을 이끌던 2002년에 한국 축구가 월드컵 4강에 올랐습니다.
기대하지 않았던 기적 같은 일이었습니다.
서울의 광화문과 시청은 물론이고,
전국이 붉은 옷과 태극기로 덮였습니다.
그때는 집에 앉아 있는 사람보다 길에 나가 서 있는 사람이 더 많아 보였습니다.
그때 유행했던 말이 '히딩크의 마법이 통했다'였습니다.
그러나 마법은 없습니다. **기본기 강화가 마법**이라면 마법이었습니다.
히딩크는 선수들의 기본기를 다시 다듬고, 실력 우선으로 선발한 것이 낳은 결과였습니다.
파울루 벤투의 아이들도 마법의 힘이 아닌 훈련의 힘을 믿기를 기대해 봅니다.

'할 수 있다'를 외쳐 주세요!

"이를 위하여 나도 내 속에서 능력으로 역사하시는 이의 역사를 따라 힘을 다하여 수고하노라"(골로새서 1장 29절)

 2016년 리우올림픽은 지카 바이러스와 테러 등 많은 불안 요소들이 있었지만 염려했던 것에 비하면 비교적 잘 마쳤습니다.

10위 안에 드는 것을 목표로 했던 우리나라는 금메달 9개, 은메달 3개, 동메달 9개로 종합 성적 8위로 마감했습니다.

인상에 남는 경기는 펜싱 에페의 개인전 금메달리스트인 박상영 선수입니다.

2라운드까지 9-13으로 뒤져 있어서 선수도 감독도 자포자기 할 상황에 관중석에서 "할 수 있다"는 응원과 격려의 말이 들려왔고, 박상영 선수는 그 말을 계속해서 입으로 되뇌어, 실제로 기적이 일어났습니다.

우리 사회에도 누군가가 포기 하려 할 때,

"할 수 있다"를 외쳐 주는 그 누군가가 필요 합니다.

그 사람이 당신이기를 바랍니다.

기적의 매뉴얼, 기도

"들어가서는 문을 닫으니 두 사람 뿐이라 엘리사가 여호와께 기도하고"(열왕기하 4장 33절)

성경은 수많은 기적들이 기록되어 있는 '기적 교과서'입니다.

수넴 여인은 어렵게 얻은 아들이 머리가 아파서 죽고 맙니다. 갈멜산으로 찾아온 수넴 여인은 엘리사의 발을 잡고 괴로움을 토로합니다.

엘리사가 심방하여 **여호와께 기도했더니** 죽어서 싸늘하던 시신이 차차 따뜻해지며 눈을 떴습니다.

빈들에서 떡 다섯 개와 물고기 두 마리를 가지고 하늘을 우러러 축사하시고 이적을 간구하셨던 주님은 그것으로 오천 명이 먹고도 떡과 물고기를 열두 바구니에 차게 거두었습니다.(막 6:41)

열 명의 나병 환자들은 "우리를 불쌍히 여기소서" 간구함으로 '가다가 깨끗함을' 받기도 했습니다.(눅 17:13,14)

이처럼 기도는 기적의 매뉴얼입니다.

기도하면 기적이 제발로 찾아옵니다.

마음의 피부 가꾸기

"하나님이여 내 마음을 정하였사오니 내가 노래하며 나의 마음을 다하여 찬양하리로다"(시편 108편 1절)

 피부에 대한 사람들의 관심은 끝이 없습니다. 아기 피부를 만들겠다고, 동안 피부를 만들기 위해, 환한 피부를 향한 노력은 눈물겨울 정도입니다.

왜 사람들은 피부에 이처럼 열광적일까를 생각해 보았습니다. 여러 가지 이유가 있겠지만 가장 큰 이유 중 하나가 TV의 영향일 것입니다. TV에서 자주 보는 드라마나 프로그램에 출연하는 연예인들이 남녀를 불문하고 한결같이 백옥 같고 투명한 얼굴을 하고 나오다보니 그와 비교해서 자신의 피부를 나쁘게 보는 것입니다.

그러는 우리가 **눈에 드러나는 피부**에 비해서 **마음의 피부**를 가꾸기 위해서는 얼마나 많은 **관심**과 **노력**을 기울이고 있을까? 궁금하지 않을 수 없습니다.

당신은 마음의 피부를 가꾸기 위해 어떤 노력을 하고 계십니까?

격려하는 말

"찢을 때가 있고 꿰맬 때가 있으며 잠잠할 때가 있고 말할 때가 있으며"(전도서 3장 7절)

말에는 손과 발이 있어서 손으로 도울 수도 있고 발로 찰 수도 있습니다.

격려하는 말도 있고, 공격하는 말도 있습니다. 사랑의 말도 있고, 마움의 말도 있고, 축복하는 말이 있는가 하면, 저주하는 말도 있습니다.

그 말이 나가는 통로인 입을 다스리는 것은 사람의 마음입니다.

말에는 내가 하고 싶은 말이 있는가 하면, 상대방이 듣고 싶어 하는 말이 있습니다.

요즈음 지치고 고단한 사람들이 듣고 싶어 하는 말은 무엇일까요?

"힘들지?"

"오늘은 내가 낼께!"라는 말이 아닐까요?

오늘 당신이 이 말을 들려주어야 할 사람은 누구일까요?

효도 면죄부

"네 부모를 공경하라 그리하면 네 하나님 여호와가 네게 준 땅에서 네 생명이 길리라"(출애굽기 20장 12절)

 "우리는 괜찮으니까 너희나 잘 살아라!"

결혼한 자식에게 부모들이 흔히 하는 말입니다.

요즈음 같이 앞가림하기 힘든 때에는 결혼한 자식이 손을 내밀지만 않아도 다행입니다.

그러다 보니 부모는 아예 먼저 자식들에게 '효도 면죄부'를 주어 버립니다.

자식 사랑은 부모 마음이고, 부모가 자식에게 기댈 생각은 애초에 안 하는 것이 좋지만 자식들이 부모에게 효도하지 않아도 된다는 면죄부까지 줄 필요는 없다고 봅니다.

자식들로 하여금 '하나님의 대리자'인 부모를 섬겨 5계명을 지키다가 장수의 복을 누리는 약속 있는 첫 계명(엡 6:2)의 주인공이 되도록 기회를 주시기를 바랍니다.

철든 신앙

"예수께서 이르시되 네 마음을 다하고 목숨을 다하고 뜻을 다하여 주 너의 하나님을 사랑하라 하셨으니 이것이 크고 첫째 되는 계명이요 둘째도 그와 같으니 네 이웃을 네 자신 같이 사랑하라 하셨으니"(마태복음 22장 37~39절)

 나이가 들었다고 꼭 철이 드는 것은 아니라는 것을 뒤늦게 알았습니다. 공부를 많이 한다고 해도, 철드는 것과 아무런 상관이 없었습니다.

그런데 하나님을 사랑하는 경외의 마음을 가진 사람에게서 철든 신앙을 발견할 수 있었습니다.

이웃을 사랑하기 때문에 남을 먼저 배려하는 사람에게서 그리스도인의 진한 향기를 맡을 수 있었습니다.

원수까지도 사랑하는 남다른 사랑에서 **사랑은 용서요, 화해**라는 것을 배울 수 있었습니다.

그래서 자신과 주변 사람들에게서 조금씩 아주 조금씩 철들어가는 것을 보는 것은 그 무엇보다 큰 기쁨입니다.

요한이 법당에 가다

"그러므로 우리에게 큰 대제사장이 계시니 승천하신 이 곧 하나님의 아들 예수시라 우리가 믿는 도리를 굳게 잡을지어다"(히브리서 4장 14절)

 군대에서 종교 활동 시간이 되면 군인들은 잠을 청하기 위해서라도 교회나 성당 혹은 법당으로 향합니다.

그런데 종교성향이 뚜렷한 이들은 각자의 종교를 따라가지만 무종교이거나 믿음이 깊지 않은 군인들은 이쪽저쪽을 기웃거리기도 합니다.

그러다가 택하는 결정적인 기준은 어느 종교단체가 더 양질의 간식을 주는가 하는 것에 따라 달라질 수 있습니다.

그러다 보면 **성경적인 이름으로 지어진 요한이가** 간식에 따라 또는 믿음이 확고하지 못해서 법당으로 가는 해프닝도 벌어집니다.

성철스님과 동명이인이 교회로 갈 수도 있습니다. 군대에서 믿음과 양심을 지키는 것은 쉽지 않은가 봅니다.

정직의 철학

"온유와 절제니 이같은 것을 금지할 법이 없느니라"
(갈라디아서 5장 23절)

 우리 삶에는 정직해야 할 것과
감정을 절제해야 할 때가 있습니다.
그래서 '양심에는 정직하되,
감정에는 너무 솔직해서는 안 된다'는 것입니다.
범사에 정직은 우리 삶의 모토가 되어야 하지만,
우리 안에 세 들어 사는 감정은 기복이 심하거나
바르지 못할 때가 있기 때문에
감정에만 솔직하다가는 큰 낭패를 볼 수가 있습니다.
그래서 성령의 9가지 열매 중에 하나인 절제는
가장 지키기 어려운 열매이기도 합니다.
정직해야 할 것과
절제해야 할 것을 잘 분별하는 것이
정직의 철학이요, 성령의 지혜입니다.

꿈이 있으면 인내한다

"묵시가 없으면 백성이 방자히 행하거니와 율법을 지키는 자는 복이 있느니라"(잠언 29장 18절)

세계적인 성악가 가운데 임웅균 씨가 있습니다. 첫 담임 목회지의 권사님 사위이기도 한 그의 소리는 듣는 사람의 심금을 울립니다. 그가 늘 세계적인 성악가를 꿈꾸다가 군에 입대해서 복무 중에 있을 때, 그를 괴롭히던 동기가 하루는 막사 밖으로 불러내더니 막무가내로 때리더라는 것입니다.

체격이 훨씬 크고 힘이 셌던 임웅균 씨는 그 동기의 허리춤만 잡고 때리는 대로 맞았다고 합니다. 세월이 지난 후 그가 그렇게 맞기만 하며 참았던 이유를 털어 놓았습니다.

그 시절에 군대에서 사고를 치면 해외에 나갈 수 없었기 때문이라고 했습니다. 최고의 성악가를 꿈꾸며 해외 유학을 생각하고 있었기 때문에 꾹 참았다는 것입니다.

"저는 제가 꾸고 있는 **꿈을 생각하면서 당장 억울하고 분한 것을 참을 수 있었습니다**."

꿈이 있는 사람은 인내할 수 있고, 꿈이 없으면 인내를 온전히 이룰 수 없습니다.

마리다 권사를 꿈꾸며

"마르다야 마르다야 네가 많은 일로 염려하고 근심하나 몇 가지만 하든지 혹은 한 가지만이라도 족하니라 마리아는 이 좋은 편을 택하였으니 빼앗기지 아니하리라"
(누가복음 10장 41, 42절)

 마르다는 영접위원도 하고, 주방봉사도 하는 등 할 일이 많아 분주했습니다. 반면에 마리아는 말씀을 듣는 일에만 몰두했습니다. 그런데 예수님은 마리아를 편애하시는 것 같아 보입니다.

내가 만일 마르다였다면 억울할 법도 한 상황입니다. 예수님은 마르다의 섬김과 봉사를 가볍게 보신 것이 아니라, 마리아의 말씀 사모와 바람직한 우선순위를 칭찬하신 것입니다.

"나 혼자 일하게 두었다"는 마르다의 말을 들어 보면 마리아는 함께 일하다가 말씀 듣는 편에 끌려서 그 자리에 와 있었던 것으로 보입니다.

신앙생활은 선택과 집중입니다. 누군가 해야 할 일을 했던 마르다와 말씀에 집중할 수 없게 만드는 것들로부터 과감하게 돌아서는 마리아를 보면서 마리아처럼 말씀을 받고, 마르다처럼 섬기는 마리다형 권사를 꿈꿔 봅니다.

왜, 하필 죄?

"애통하는 자는 복이 있나니 그들이 위로를 받을 것임이요"(마태복음 5장 4절)

 마태복음 5장에는 예수님이 말씀하신 '팔복'이 나옵니다. 팔복은 오복과 달리 인간적으로는 손해가 될 것 같은 말씀으로 보이지만, 하늘나라를 상속받아 살 사람들이 땅에서 누려야 할 신령한 복을 가르쳐 주고 있습니다.

심령이 가난한 자는 **자기 자신**에 대한 태도를,

애통하는 자는 **죄**에 대한 태도를,

온유한 자는 **다른 사람**에 대한 태도를,

의에 주리고 목마른 자는 **하나님**에 대한 태도를 말한다고 할 때, 나와 너 그리고 하나님과의 관계에 대한 구도 사이에 '왜, 하필 죄?'를 끼워 넣었을까요? 나와 너 그리고 하나님과의 관계를 깨뜨리는 것이 죄이기 때문입니다.

죄에 대해서는 몸속에 돌이 생겨서 결석(結石)으로 고통 할 때에 몸부림치듯 처절하게 탄식하고 슬퍼하는 애통이 있는 사람이 하나님 앞에서 복 있는 사람입니다.

끝나지 않는 설교 준비

"모세에게 이르되 당신이 우리에게 말씀하소서 우리가
들으리이다 하나님이 우리에게 말씀하시지 말게 하소서
우리가 죽을까 하나이다"(출애굽기 20장 19절)

 오늘날 어쩌면 회중들은 설교자들이 아닌 하나님
이 친히 말씀해 주셨으면 하는 바람이 있을 수 있
습니다.

그러나 출애굽기 20장에 보면 하나님의 십계명이 선포된 때에
뭇 백성들은 떨며 멀리 서서 모세에게 이르기를 "하나님이 우리에
게 직접 말씀 하시지 말게 해달라"고 간청했습니다. 그래서 **하
나님은 선지자나 설교자를 사용**하시는 것입니다.

설교자는 25분 설교를 위해 25시간 이상의 준비 시간과 25권의
책을 읽고 소화하며 기도로 녹여냅니다.

밤에도 자다가 영감이 오면 몇 번을 깨서 메모하고, 1부와 2부
설교를 마치고 첨삭 또는 수정하고 3부 설교를 마칠 때가 비로
소 설교 준비가 끝난 것입니다.

한 분야에서 40년이면 달인이 된다지만, **설교자는 매번 초보**
가 됩니다.

이 어색함은 뭐지?'

"청년이 무엇으로 그의 행실을 깨끗하게 하리이까 주의 말씀만 지킬 따름이니이다"(시편 119편 9절)

장로회신학대학교 신학대학원에 재학 중일 때, 한 통의 전화를 받았습니다. 이화여대 불문과 3, 4학년 채플 시간에 설교를 해달라는 것이었습니다. 그동안 이어령 교수 등이 주로 설교하던 자리였는데, 젊은 전도사의 설교를 듣고자 한다는 것이었습니다.

지하철 이대역에 내려서 학교로 씩씩하게 걸어 들어가다가 갑자기 이상한 느낌이 들었습니다. 나 혼자 팔을 휘젓고 걸어가고 있지, 대부분의 여학생들은 팔을 옆구리에 붙이다시피 해서 조신하게 걷고 있는 것을 보며 '이 어색함은 뭐지?'하는 생각이 들었습니다.

그날도 종교부장 김○경 자매의 마중이 없었으면 정문을 통과하기 어려웠을 것입니다.

고풍스런 중강당에서 힘껏 말씀을 증거한다고 했지만, 지금 생각해보면 **말씀은 온전**한데, 전하는 자가 청년들을 그 **말씀 위에 세우는 일에 불완전했음**을 생각하며 부끄러운 마음과 '이 어색함은 뭐지?'하는 느낌 또한 떨칠 수 없었습니다.

침묵의 살인자, 영적 교만

"사람의 마음의 교만은 멸망의 선봉이요 겸손은 존귀의 길잡이니라"(잠언 18장 12절)

 흔히 당뇨를 '침묵의 살인자'라고 합니다.
영적으로도 침묵의 살인자가 있는데, 바로 교만입니다.

에스겔 30장에 교만한 애굽 왕 바로를 심판하시는 도구로 사용하시는 것이 바벨론인데, 그 날을 성경은 '여호와의 날'이라고 표현합니다.

여호와의 날은 하나님을 믿지 않는 이에게는 무서운 심판의 날이지만, 하나님을 믿는 이에게는 영광과 승리의 날이 될 것입니다.

당뇨는 잘못된 식습관, 운동부족, 비만, 스트레스, 약물 남용 등으로 와서 합병증을 일으키면 뇌졸중을 비롯한 심각한 상태로 갈 수 있어서 위험천만한 병입니다.

그런데 혹시 내가 애굽은 아닌지?

오늘도 교만을 떨고 있는 것은 아닌지? 돌아볼 필요가 있습니다. **교만은 영적 불치병**입니다.

겸손을 처방 받아야 합니다.

기도 응답의 메아리

"여호와여 내게 응답하옵소서 내게 응답하옵소서 이 백
성에게 주 여호와는 하나님이신 것과 주는 그들의 마음을
되돌이키심을 알게 하옵소서 하매"(열왕기상 18장 37절)

 산에 올라가서 "야호~"를 외치면 맞은 편 산에서
똑같이 "야호~"로 메아리치는 것을
들을 수 있습니다.

기도에도 이런 메아리가 울리는 것을 응답이라고 합니다.

그런데 오리가 꽥꽥거리는 소리는 아무리 커도 메아리가 없다고
합니다.

이미 한 말을 자꾸 되풀이 하는 의미 없는 기도에는 응답이 있을
리 없습니다.

기도는 입을 사용하지만 사실은 마음으로 하는 것이고, 영이신
하나님과 교제 할 수 있는 **인간의 가장 높고 깊은 부분에** 있
는 영으로 하는 것입니다.

기도는 인간이 인간일 수 있는 가장 분명한 증거이기도 합
니다.

혼주는 주례보다 위대하다

"내 고향 내 족속에게로 가서 내 아들 이삭을 위하여 아내를 택하라"(창세기 24장 4절)

 올 해로 담임목회를 한지 24년이 넘었으니 결혼 주례만 해도 백 번은 더했을 터인데, 그것 보다 재작년에 큰 아들 장가보내는 것이 더 분주했던 것 같습니다.

이 달에도 주례를 부탁하러 온 예비 신랑신부를 보니 반가움과 축하의 마음 한 편으로는, '그 많은 번거로움을 어떻게 다 감당하고 결혼식장에 설 것인가?' 하는 안쓰러운 마음이 드는 것은 혼주를 한 번 해 본 경험자여서 인가 봅니다.

전에는 대부분 주일 전날 결혼 주례로 주일 준비에 분주하다고 여겼는데, 지나고 보니 그 일은 혼주들과 신랑신부의 수고에 비하면 아무 것도 아니라는 생각에 고개를 숙이게 됩니다.

늦게나마 '혼주는 백 명의 주례보다 위대하다'는 고백과 함께 그 어려운 일들을 해 낸 **혼주와 신랑신부에게 뜨거운 박수**를 보냅니다.

구할 수 없는 것을 구하는 것

"지금까지는 너희가 내 이름으로 아무 것도 구하지 아니하였으나 구하라 그리하면 받으리니 너희 기쁨이 충만하리라"(요한복음 16장 24절)

 우리 교회의 이0화 집사님은 오래 전에 다리 수술을 하신 적이 있는데, 최근 소파에서 떨어지면서 다시 다리에 충격을 받았다고 합니다.

병원에서는 파열을 의심하며 수술을 염두에 두었고, 상태가 좋아도 통 깁스를 해야 한다고 말해 걱정을 했습니다. 설상가상으로 발을 바닥에 디딜 수도 없는 통증으로 고통 받고 있었습니다. 집사님의 기도 제목은 첫째는 하나님이 정하신 의사를 붙여 주시는 것이었고, 둘째는 통증이 없어지기를 원했고, 셋째는 **수술이나 깁스 없이 낫는 것을 위해 기도**해 달라고 했습니다.

주일에 본당에서 기도 요청을 받고 세 번째 기도 제목을 가지고 기도했습니다.

그런데 그 다음 주에 의사로부터 수술이나 깁스 등 아무 것도 하지 않아도 되겠다는 진단을 받았다는 것입니다. 이런 일들은 그 후로 조0자 집사님의 척추, 이0식 장로님의 요로 결석이 수술 없이 치료되는 응답을 받았습니다.

기도는 구할 수 없는 것을 구하고 얻는 것입니다.

하나님께 감사, 내 몸에 감사

"그가 채찍에 맞음으로 너희는 나음을 얻었나니"
(베드로전서 2장 24절)

 여러 해 전에 같은 노회 목사님 한 분이 병원에 입원 중이라는 소식을 듣고 심방을 간 적이 있습니다. 입원한 사유를 들어보니 소변은 차는데, 나오지 않는다는 것이었습니다. 그 고통이 이루 말 할 수 없어 보였습니다. 그 목사님과 이 땅의 모든 목사님들이 건강하시길 기도합니다.

성인 남녀가 하루에 소변을 보는 횟수는 5~8회이고, 소변량이 1~1.5리터라고 할 때, 소변이 안 나오게 되면 방광이 받는 압박은 상상 이상일 것입니다.

그러고 보면 화장실에 다녀오는 것은 번거로운 일이 아니라 내 몸의 공장이 정상 가동되고 있다는 증거이니 지으신 하나님께 감사하고, 또한 내 몸에 감사해야 할 일입니다.

다른 의료적인 도움 없이 내 몸 스스로 해결하는 것은 **복 중의 복**입니다.

불신자들의 입술을 통해서도

"이같이 너희 빛이 사람 앞에 비치게 하여 그들로 너희 착한 행실을 보고 하늘에 계신 너희 아버지께 영광을 돌리게 하라"(마태복음 5장 16절)

 예수 믿는 사람이 세상 사람들만도 못하게 살 때나, 세상 사람들과 똑같은 수준밖에 되지 못할 때, 세상 사람들은 '예수쟁이들'이라는 표현을 주저하지 않고 사용합니다.

그것은 그들이 예수 믿는 사람들에게서 가졌던 기대치가 무너졌다는 뜻이고, 실망이 분노로 표출된 것이라 할 수 있습니다.

이럴 때 예수 믿는 사람은 같이 화를 낼 것이 아니라 오히려 기뻐해야 합니다. 그들이 예수 믿는 사람들을 **높은 차원의 윤리를 가진 사람들**로 보았기 때문입니다.

우리는 산상수훈과 같은 예수 그리스도의 정신과 윤리를 듣기만 할 뿐 지켜 행하려는 열정이 없습니다. 이에 비해 불신자들은 듣지도 못한 복음을 본능적으로 알아서 예수 믿는 사람들에게 일침을 가하는 것을, 우리는 기쁘게 받아들이고 발람의 나귀(민 22:28)로 여겨야 할 것입니다.

버리면 행복 합니다

"사람들이 그들을 내버린 은이라 부르게 될 것은 여호와께서 그들을 버렸음이라"(예레미야 6장 30절)

 수집벽이 있는 남편과는 못 살겠다는 아내와 수집 박물관을 세우는 것이 꿈인 남편과의 갈등을 중재할 중간지대를 찾기가 어렵습니다.

심할 때는 침대에까지 물건들이 쌓여서 아내는 침대에서 밀려나기도 합니다.

대부분의 사람들은 한두 가지씩 장애를 가지고 살아가는데, 그 중에 결정 장애도 있고, 저장 강박증 장애도 있습니다.

저장 강박장애를 한의학에서는 정신병인 노이로제의 일종으로 보고 있습니다.

어쩌면 어렸을 적에 가져보고 싶은 것들을 제대로 가져보지 못했던 상처가 **소유욕의 강박증**으로 나타난 것일 수도 있습니다.

정말 소중한 것을 위해 수 년 째 한 번도 사용한 적이 없는, 있으나 마나 한 것은 과감하게 버릴 줄 아는 미니멀 라이프(Minimal Life)를 실천하는 미니멀리스트(Minimalist)가 되어보면 어떨까요? 버리면 행복이 찾아옵니다.

달라진 심방 풍속도

"그 후 삼 년 만에 내가 게바를 방문하려고 예루살렘에
올라가서 그와 함께 십오 일을 머무는 동안"
(갈라디아서 1장 18절)

 처음 대심방을 다니던 1980년대 말과 90년대에
는 대심방을 받는 구역의 남자 성도들은 기다렸
다가 심방을 받고 출근하거나 잠시 외출을 나와
서 심방을 받고 다시 직장으로 가기도 했습니다. 그리고 주로 집
에서 음식을 차렸고, 심방하는 교역자가 신발을 신고 나가기 편
하게 가지런히 돌려놓는 것이 일반적이었습니다.

그러나 요즈음 심방은 **주중 심방에서 주말 심방으로** 교역자
보다는 교인들의 스케줄에 맞추게 되고, 10구역이면 8~9구역
은 식당에서 식사를 대접합니다.

예전에는 많으면 하루에 16가정까지도 심방을 하곤 했지만, 지
금은 그 절반 정도에 미치는 실정입니다.

그러니 심방을 받기만 해도 고맙고 예쁘기 그지없습니다.

교역자가 심방을 하고 난 가정은 깊은 이해와 구체적인 기도가
가능합니다.

우리의 신앙고백

"그 날에는 내가 아버지 안에, 너희가 내 안에, 내가 너희 안에 있는 것을 너희가 알리라"(요한복음 14장 20절)

 2017년에 결혼 30주년을 맞았습니다. 자녀들의 취직, 결혼 전에 함께 여행을 할 수 있는 마지막 기회다 싶어 큰마음을 먹고 예비 자부를 포함 5인 가족이 북 유럽으로 떠났습니다. 스웨덴에 들렀을 때, 주일이 되어 스톡홀름 한인교회를 찾아갔습니다.

담임 목사님은 한국 방문 중이었고, 함부르크 열린문 교회를 담임하시는 이석현 목사님이 설교하시기 전에 나누었던 신앙고백은 '우리는 무엇을 믿습니까?'라는 질문과

'예수님이 지금 내 안에 있는 것을 믿습니다'라는 것이었습니다.

그 후로 지금 제가 목회하는 교회에서도 매주 교우들과 함께 동일한 신앙점검을 하고 있습니다.

내 안에 거하시는 그분이 나를 통하여 역사하시기를 원하는 것에 동의하고 순종하는 삶이 진정한 그리스도인의 삶인 것입니다. 지금 당신은 어떻게 살고 있습니까?

수정보완 기도응답

"이 잔을 내게서 옮기시옵소서 그러나 나의 원대로 마시옵고 아버지의 원대로 하옵소서"(마가복음 14장 36절)

 광나루문인회 임원회를 시작하기 전 담소하는 자리에서 한 목사님이 자신이 섬기는 교회의 교회가를 만들어야겠는데 어떻게 준비해야 할지 잘 모르겠다고 하자 회장인 문성모 목사님께서 도와주시겠다고 자청하셨습니다.

담임목사님이 교회가 가사를 잘 정리해 오면 시인이자 찬송가에도 이름을 올리신 문 목사님께서 가사도 다듬어서 작곡까지해 주시겠다고 했습니다.

우리의 기도도 그와 같다는 생각이 들었습니다.

무슨 말로 무엇을 어떻게 기도해야 할지 모를 때, 어설픈 기도를 올려 드릴 때도 있지만 하나님은 **갓난아기의 옹알이를 알아듣는 엄마마냥** 우리의 기도를 수정 보완하셔서 들어 응답 하시는 분이시라는 것을 깨닫고 마음이 편안해집니다.

향유 옥합을 깬 남자

"요셉이 시체를 가져다가 깨끗한 세마포로 싸서 바위 속에 판 자기 새 무덤에 넣어 두고 큰 돌을 굴려 무덤 문에 놓고 가니"(마태복음 27장 59, 60절)

 예수님께서 예루살렘에 입성하시고 셋째 날인 화요일, 베다니 시몬의 집에서 예수님은 십자가를 앞에 두고 마음이 초조하신 때에 한 여자가 값진 향유 옥합을 깨뜨려 예수님의 머리에 부었습니다.

그리고 주님은 십자가에서 대속의 죽음을 죽으셨습니다.

주님을 따르던 제자들이나 무리들은 온데간데없었을 때, 숨은 그림 같은 제자 아리마대 요셉이 나서서 자기가 쓰려고 준비해 두었던 새 무덤을 예수님께 내어드렸습니다.

요셉은 어쩌면 '향유 옥합을 깬 남자'라 부를 수 있을 것입니다. 막달라 마리아는 주님의 십자가 죽음을 준비했고, 아리마대 요셉은 부활을 준비했습니다.

내가 깨뜨려야 할 향유 옥합과 드려야 할 새무덤은 무엇일까요?

의지하지 말고… 의지하라

"그들이 비록 강하고 많을지라도 반드시 멸절을 당하리
니 그가 없어지리라 내가 전에는 너를 괴롭혔으나"
(나훔 1장 12절)

 한국에 사드(THAAD)를 배치하는 문제로 앞에
서는 한국과 중국이, 뒤로는 미국과 중국이 옥신
각신했습니다.

국내에서도 사드 배치와 장소 문제로 여야와 정부 그리고 해당
지역의 갈등이 끊이질 않았습니다. 결론은 경북 성주의 롯데 골프
장으로 최종 결정이 났는데 이 일로 중국에 진출해 있는 롯데마
트와 백화점이 무한보복을 당하는 일이 발생했고, 한류와 관광
등 전방위로 불이익을 받았습니다.

이런 일을 겪으며 생각하게 되는 것은 우리나라가 그동안 중국
의존도가 너무 지나쳤던 것은 아닐까 하는 생각과 함께 교역의
범위를 다변화하고, 무엇보다 애굽이나 앗수르 같은 어떤 나라
가 아니라 **하나님을 먼저 찾고 의지하는 나라**가 되라는 하
나님의 사인이 아닐까라는 생각을 하게 되었습니다.

298

'~한 셈치고' 프로젝트 공감

"나그네를 대접하며 혹은 성도들의 발을 씻으며 혹은 환난 당한 자들을 구제하며 혹은 모든 선한 일을 행한 자라야 할 것이요"(디모데전서 5장 10절)

 월드휴먼브리지에서 펼쳐지는 '~한 셈치고' 프로젝트는 부활절 달걀 먹은 셈 치고, 식사 후 커피 마신 셈 치고, 이렇게 '~한 셈치고' 모은 돈으로 어려운 이웃들에게 기부운동을 펼치고 있습니다.

우리 교회도 몇 년 전부터 비용이 제법 들어가는 외부성탄트리를 '~한 셈치고', 그 비용을 동주민센터에서 추천하는 저소득층 수십 가구에 '성탄미(聖誕米)'로 제공하고 있고, 바자회 수익금도 동에서 추천하는 청소년들에게 전달하고 있습니다.

이는 **우리 교회를 밝히기보다 지역을 밝히고,** 교회가 필요로 하는 곳보다 **우리 사회의 미래를 밝게 할 청소년들의 손을 잡아주는** '~한 셈치고' 프로젝트의 일환이라고 생각합니다. 또한 예수님의 사랑이 세상으로 흘러가게 하는 일로써 교회가 마땅히 할 일이라고 봅니다.

다름의 능력자

"맹인이 보며 못 걷는 사람이 걸으며 나병환자가 깨끗함을 받으며 못 듣는 자가 들으며 죽은 자가 살아나며 가난한 자에게 복음이 전파된다 하라"(마태복음 11장 5절)

 '사랑은 내가 바라는 대로 남에게 해 주는 것'이라고 할 수 있습니다.(마 7:12)

시청각장애인이나 지체장애인들의 고통과 박탈감은 비장애인들이 생각하는 것의 몇 배 이상이라고 할 수 있습니다.

출애굽의 영도자였던 모세도 언어장애를 가지고 있었지만, 하나님은 그가 장애를 고스란히 안고서 비장애인 아론과 함께 대역사를 이루게 하셨습니다.

'장애인(障碍人)이란 말은 '막힐 장', '거리낄 애', '사람 인'자를 써서, **'막히고 거리끼는 사람'**이란 뜻이 됩니다.

그러나 시각의 약점을 가진 자는 청각, 촉각, 후각, 미각 등에 있어서 대부분 남다른 능력과 강점을 지니고 있고 우리 교회 음영실의 편집은 지체 장애를 가지고 있는 송근O 집사님이 담당하고 있습니다.

우리 교회에도 사랑부를 두고 있지만 '장애자'라는 말은 이제부터 '다름의 능력자'로 바꾸어 불러야 할 것입니다.

무책임한 기도, 책임적인 기도

"그러므로 너희는 이렇게 기도하라"(마태복음 6장 9절)

 어떤 모양으로 하던지 기도일 수는 있으나, 그 기도가 무책임한 기도일 수도 있고, 책임적인 기도일 수도 있습니다.

"교구를 돌아보아 주옵소서"

"일터의 경영을 책임져 주옵소서"하는 기도보다

"교구를 잘 돌아볼 수 있는 믿음과 지혜와 열심을 부어주옵소서"

"맡겨주신 일터에서 작은 일에도

정직하고 성실하게 일하게 하옵소서"라는 기도가

보다 더 책임적인 기도일 수 있습니다.

"내 자녀들이 진리 안에 거하게 하소서"라고 기도하기보다

"내 자녀들과 함께 가정예배의 자리를 지키게 하소서"라고

기도하는 것이

하나님이 기뻐 응답하시는 바람직한 기도가 될 것입니다.

부메랑 축복

"지혜로운 자와 동행하면 지혜를 얻고 미련한 자와 사귀면 해를 받느니라"(잠언 13장 20절)

 우리가 살아가는 세상이 어둡고 악해질수록 살면서 절실해지는 것은 인간에게만 있는 영혼에 대한 깊은 관심이요, 이를 위한 신앙과 교회의 선택이고, 목회자와 성도간의 만남입니다.

말세라고 말하는 때를 살아갈수록 마지막 때에 누려야 할 가장 큰 축복은 영적인 멘토를 잘 만나는 것입니다. 그것은 목회자일 수도 있고, 부모일수도 있습니다.

부모는 의식주를 책임지는 양육자의 역할 이상으로 중요한 것은 영혼의 멘토가 되어 주는 것입니다.

목회자들의 경우에도 좋은 신앙의 스승과 동역자를 멘토로 두는 것이 필요하고, 아울러 좋은 교회와 성도들을 만나는 것이 목양의 행복일 것입니다.

살면서 깨닫는 진리는 상대방을 축복하면, 그 축복은 메아리처럼 부메랑이 되어 나에게로 돌아온다는 사실입니다.

잊혀진 회개

"오직 하나님의 능력을 따라 복음과 함께 고난을 받으라"
(디모데후서 1장 8절)

 도림교회에서 부목사로 사역 할 때, 하루는 전도 대원들을 파송하고 나서 한 두 시간쯤 지났을 무렵에 여자 집사님 한 분이 울면서 교회로 돌아오셨습니다.

이야기를 들어 본 즉 한 집에 인기척을 하고 대문을 열고 들어갔는데 "예수~"라는 말을 꺼내자마자 물바가지를 부어서 벌건 대낮에 중년의 여자 집사님의 옷이 흠뻑 젖은 것이었습니다. 집사님은 교회로 돌아와서 엉엉 울고 있었습니다.

측은하기도 하고, 내심 부럽기도 했습니다.

화곡동에서 금은방을 하시면서 아쉬울 것 없이 사시는 집사님이 복음을 전하다가 당한 낭패는 장차 '자랑의 면류관'(살전 2:19)으로 돌아올 것이기 때문입니다.

그런가 하면 우리가 **주님 때문에 한 번도 욕을 먹거나 핍박을 받은 적이 없다고 하면** 그만큼 복음을 전하지 않았다는 것이기에 받을 상이 적지는 않을까요?

광야 뺑뺑이

"너를 낮추시며 너를 주리게 하시며 또 너도 알지 못하며
네 조상들도 알지 못하던 만나를 네게 먹이신 것은 사람
이 떡으로만 사는 것이 아니요 여호와의 입에서 나오는
모든 말씀으로 사는 줄을 네가 알게 하려 하심이니라"
(신명기 8장 3절)

 20대 후반에 청년부를 지도할 때, 수련회 중에
제가 그만 강물 깊은 곳에 빠져서 허우적거린 적
이 있습니다.

다행히 다른 형제가 뛰어들어 구조해서 살아났지만 지금도 제
기억에는 그때 저를 구하러 용감하게 뛰어 들었던 그를 죽기 살
기로 붙들려했던 기억이 있습니다.

자칫하면 둘 다 생명을 잃을 수도 있는 위험한 행동이었습니다.
차라리 잠시 살짝 힘이 빠진 상태에서 구조하고 응급처치를 하
는 편이 나을 수 있습니다.

하나님은 광야에서 열흘이면 갈 수 있는 가나안 땅을 무려 40
년간 뺑뺑이를 돌리셔서 힘을 빼신 후에 들어가게 하셨습니다.

광야 뺑뺑이를 컴퓨터 그래픽으로 그려보면 아마도 세 살짜리
아이가 흰 도화지에 동그라미를 새까맣게 그려 놓은 것보다 더
했을 것입니다.

그러나 그렇게 **낮추시고 시험하시는** 과정을 통해 이스라엘
은 하나님의 백성이 될 수 있었습니다.

영광의 상처

"예수께서 몸을 굽히사 손가락으로 땅에 쓰시니"
(요한복음 8장 6절)

"엎어져 보지 않은 사람은 예수님이 간음한 여인 앞에서 땅바닥에 쓰셨던 글자의 내용을 읽을 수 없습니다. 자빠져서 벌러덩하고 누워본 사람만이 하늘에 써놓으신 하나님의 글씨를 볼 수 있습니다"라는 말이 있습니다. 고난과 아픔을 겪어 보지 않은 사람은 고통 받는 사람의 사정을 다 이해할 수 없습니다. **고통은 고통이 알고, 상처는 상처가 기억하고, 고난은 겪어 본 사람만이 아는 것입니다.**

요한복음 8장의 간음하다가 현장에서 잡혀 온 여인의 사정은 생략되어 있습니다. 둘러선 사람들은 돌을 들었고, 법을 들이댔습니다. 그러나 실은 간음한 여인은 미끼였고, 예수님을 고발할 목적이었습니다. 이때 아마 예수님이 땅에 쓰신 글자는 어쩌면 옆에서 돌을 들고 서 있던 사람들의 죄목을 적었을지도 모릅니다. 상처는 세월이 흐르면서 딱지가 되었다가 영광의 상처로, 은혜와 감사로 바뀌는 것입니다.

305

신통(?)한 고수 무당

"여자가 이르되 메시야 곧 그리스도라 하는 이가 오실 줄을 내가 아노니 그가 오시면 모든 것을 우리에게 알려 주시리이다"(요한복음 4장 25절)

 부산 대성교회(이삼균 목사)에 새 가족으로 등록한 분 중에 고수 무당이 한 분 계시는데 도를 닦는 중에 십자가 빛이 비춰서 교회에 나와 예수를 믿게 되었다고 합니다.

이 글을 쓸 당시는 고수 무당께서 교회에 출석한 지 서너 달 밖에 안 되었는데 창세기부터 읽기 시작한 성경이 이미 사무엘상으로 넘어갔으며 그가 읽으면서 느끼는 것은 "꼭 누가 올 것 같다"고 하더랍니다.

주변에 교회가 많은데 대성교회를 택한 이유를 들어 보니 주변 교회들 중에는 자기에게 와서 점을 보던 집사님, 권사님, 장로님들이 많아서 갈 수가 없더라는 것입니다.

무당이었던 초신자도 성경을 읽다가 깨달은 것 같이 약속의 메시야가 자기 땅에 오셨고, 십자가와 부활 사건 후에 이제 다시 오실 재림을 기다리고 있는 사람은 복 있는 사람입니다.

인생이 다 그렇지 뭐

"종들이 길에 나가 악한 자나 선한 자나 만나는 대로 모두 데려오니 혼인 잔치에 손님들이 가득한지라"
(마태복음 22장 10절)

 동문 모임을 마치고 집에 돌아와서 동기들과 나눈 카톡의 주된 내용은 경황이 없어서 안부도 제대로 나누지 못해서 아쉽다는 것이었습니다.

다음번에 다시 만나면 좀 더 속 깊은 이야기들을 나누어야지 다짐하지만 실제로는 그 사이에 우리 곁을 떠나서 다음번에 영 못 만나는 이도 있고, 다시 만났지만 여전히 무리 속에서 형식적인 이야기만 나누다가 돌아오는 일들이 반복되기 쉽지요.

그래서 돌이켜 보면 "인생이 다 그렇지 뭐~!"라고 말하게 됩니다. 지나쳐 버리는 만남이 되지 않으려면 경청하고 속 깊은 대화를 나눌 필요가 있습니다.

나는 지금 현재 만나고 있는 이들을 얼마나 **살갑게 대하고 보다 영원한 것을 나누며** 살고 있는지 생각하게 됩니다.

후회 없는 삶

"노하기를 더디하는 자는 용사보다 낫고 자기의 마음을 다스리는 자는 성을 빼앗는 자보다 나으니라"
(잠언 16장 32절)

 얼마 전, 교회에서 청년들과 남녀선교회원들이 자매결연되어 있는 가까운 **군부대를 방문**해 예배 후에 음식을 나누며 교제하고 돌아왔습니다.

근간의 우리 국민들의 우려와 달리 건강하고 밝아 보여서 한결 마음이 가벼웠습니다.

그들이 **후회 없는 군 생활과 인생**을 살 수 있도록 몇 가지를 권면했습니다.

창조자를 기억하고 그분의 영광을 위한 목적이 이끄는 삶, 사랑과 섬김의 삶, 믿음과 소망의 삶을 전했습니다.

그런데 병영 밖에서 사는 **우리의 삶도 후회가 없으려면** 노하기를 더디 하고, 자기의 마음을 잘 다스리는 사람이 되어야 할 것입니다.

당신의 삶이 성을 빼앗는 용사보다 나은 **온유와 평강**으로 가득하기를 기원합니다.

'개가, 걔가(?) 부러워~'

"자녀의 떡을 취하여 개들에게 던짐이 마땅하지 아니하니라" (마태복음 15장 26절)

 요즈음 개들은 반려동물로 여겨 귀하신 몸이 되어서인지 발로 땅을 밟고 다니기보다는 방이나 침대에서 지내고, 승용차나 리무진을 타고 다니기도 합니다. 오죽하면 시아버지가 개장에 발을 넣고 있어서 며느리가 물어보았더니 돌아온 대답이

"너는 내 밥은 신경도 안 쓰지만, 개는 고기도 주고 밥도 꼬박꼬박 주지 않느냐"라고 하더랍니다.

그 시아버지는 매일 이른 아침 1000원을 내고 먹는 무료급식소로 발걸음을 옮긴다고 합니다.

집안에 개 놀이시설을 설치하고, 생일에는 케이크에 촛불을 켜서 축하파티를 해주고, 개 유치원과 의류 시장이 활성화되어 있고, 함께 데리고 갈 수 없을 때는 개 호텔에 맡기는 세상이 되었습니다.

개가 예전에 비해 대접 받는 것만큼 사람에 대한 대접이 개보다는 확실히 나았으면 하는 바람입니다.

기도가 진짜 이루어지네~

"병이 낫기를 위하여 서로 기도하라 의인의 간구는 역사하는 힘이 큼이니라" (야고보서 5장 16절)

 매 학기 초마다 자녀들을 데리고 목양실에 와서 자녀들을 위한 기도를 부탁하는 부모 중에 이은화 집사님이 있습니다.

한 번은 어머니 집사님과 함께 목양실에 온 여고생 (최)은빈이가 감기에 걸려 있어서 "감기도 낫게 해달라"고 기도했는데 그날로 나았다면서 '어 정말 낫네~'라며 신기해하더랍니다.

그 다음에 왔을 때는 새 학기 축복 기도를 마쳤는데 어머니 집사님이 한 번 더 기도를 해달라면서 "은빈이가 아토피로 많이 고생한다"는 것입니다.

기도를 하고 얼마 지나지 않아서인데 "깨끗해졌다"며 좋아했습니다. 실제로 만나 보니 아토피 때문에 어릴 때부터 항상 팔에 붙어있던 딱지가 **흔적만 남아있고 깨끗해진** 것입니다. 그것을 보고 기도를 들으시는 하나님께 감사와 영광을 돌렸습니다.

묶여서 살아가는 존재

"내가 진실로 진실로 네게 이르노니 네가 젊어서는 스스로 띠 띠고 원하는 곳으로 다녔거니와 늙어서는 네 팔을 벌리리니 남이 네게 띠 띠우고 원하지 아니하는 곳으로 데려가리라"(요한복음 21장 18절)

 남자들이 정장을 하고 외출을 할 때,
목에는 넥타이를 매게 되고,
넥타이는 타이핀으로 고정하고,
아래 속옷은 고무 밴드로 조여지고,
허리는 가죽 벨트로 묶고
발목은 양말 밴드 자국이 남을 정도가 됩니다.
심지어 사람이 죽고 나면 입관을 할 때는 스물 일곱 번을 묶고
운구하면서 흔들리거나 흐트러지지 않도록 하기 위해서
시신을 일곱 번 혹은 세 번 묶는 방식이 있습니다.
이처럼 사람은 살아있을 때나 죽은 후에도 항상
무엇인가에 묶여서 살아가는 존재라고 할 수 있습니다.
우리는 무엇보다도 **예수 그리스도에게 묶인 자로**
살아야 할 것입니다.
그리스도께 묶여야 삽니다.

기도의 반대말은 염려

"내가 너를 위하여 네 믿음이 떨어지지 않기를 기도하였
노니 너는 돌이킨 후에 네 형제를 굳게 하라"
(누가복음 22장 32절)

 사람이 살다보면 걱정 할 일이 무수히 많은데도
우리 주님은 "염려하지 말라"고 말씀하십니다.

오늘은 무엇을 먹을까? 무엇을 입을까? 어떻게
하면 키를 조금이라도 더 자라게 할까? 수명을 연장할까?
모든 것을 염려하지만 "염려함으로 그 키를 한 자라도 더할 수
있느냐?"고 물으십니다.

그리고 키를 한 자 자라게 하는 것을 가장 작은 일이라고 하십니
다. 그러고 보면 백합화나 들풀은 무엇을 입을까? 염려하지 않
고, 공중을 나는 새도 무엇을 먹을까? 염려하지 않습니다.

국가가 예산을 세우지도 않고, U.N.이 조약을 맺은 것도 없지
만 먹고 입고 자라는 것은 다 하나님의 은혜입니다.

그런데도 "사람은 생각 한다 곧 염려 한다"는 말과 같이 **우리
인간은 염려하는 존재**입니다.

들풀과 새들은 염려 대신 기도하지 않을까요? 그러므로 염려는
기도의 반대말입니다.

냐냐냐! 와 니니니?

"잠언과 비유와 지혜 있는 자의 말과 그 오묘한 말을 깨달으리라"(잠언 1장 6절)

 특이한 것은 내가 만난 사람들의 대부분이 고모보다는 이모를 더 친근하게 여긴다는 것입니다. 즉 '고모는 멀고, 이모는 가깝다'고 생각합니다.

그렇다고 이모가 고모보다 더 많은 도움을 주는 것도 없습니다. 그런데 굳이 고모와 이모의 다른 점을 찾는다면, 고모의 어투는 '냐냐냐'이고, 이모의 어투는 '니니니?'일 뿐입니다.

고모는 '너 언제 전화 한 번 했냐!, 니 애들은 잘 있냐!'는 식으로 강하고, 이모는 '잘 지냈니?, 부모님은 어떻게 지내시니?'식으로 부드럽습니다.

우리나라 가부장제 문화의 영향이겠으나 이제는 독자시대여서 고모나 이모도 **박물관에나 가야 구경할 수 있는 시대**로 흘러가고 있는 것이 아쉽기만 합니다.

내려놓음

"범사에 기한이 있고 천하 만사가 다 때가 있나니 날 때가 있고 죽을 때가 있으며 심을 때가 있고 심은 것을 뽑을 때가 있으며"(전도서 3장 1, 2절)

 11월 초의 길거리는 낙엽 밟는 소리로 요란합니다. 무슨 벼슬이나 되는 것처럼 나뭇잎을 잔뜩 뒤집어쓰고 있던 나무들이 무성한 잎들을 하나둘 벗어버리고 있습니다.

앞서 많은 열매를 맺었던 나무도 언제 그랬냐는 듯이 말없이 겸손하게 서 있습니다.

그런 나무들을 보며 우리들 인생사를 돌아보게 됩니다.

수많은 감투를 뒤집어쓰고 동분서주하며 벌어놓은 재물을 무덤까지 가지고 갈 양으로 도무지 내려놓지 못합니다.

어차피 때가 되어 손에 맥이 풀리면서 다 내려놓고 가야 할 것을 말입니다. 오늘 우리 곁에 있는 **나무 선생님께 인생의 조언**을 들었으면 합니다.

오늘부터 조금씩 배려 놓는 연습을 하는것은 어떨까요?

지피지기

"분을 내어도 죄를 짓지 말며 해가 지도록 분을 품지 말고 마귀에게 틈을 주지 말라"(에베소서 4장 26, 27절)

 벌써 시월인데도 윤달이어서인지 한낮에는 여전히 덥고 밤에는 모기에 시달리기도 합니다.

제가 사는 곳은 아파트 12층인데도 간혹 모기가 출현합니다.

누군가 하는 말이 모기가 사람 머리에 붙어서 아파트 고층까지 들어간다는 것입니다.

그래서 무릎을 치고 깨달은 것이 있습니다.

마귀가 사람의 **머리인 생각에 붙고, 심장인 마음에 묻어서** 너무도 쉽게 우리를 물고 괴롭힌다는 사실 말입니다.

해 뜨는 시간부터 해지는 시간까지 어떠한 경우에도 **마귀에게 틈을 보이지 않도록** 생각과 마음을 지켜야 하겠습니다.

부활을 확신하나요?

"이 예수는 하늘로 가심을 본 그대로 오시리라"
(사도행전 1장 11절)

 기독교를 '부활의 종교' 혹은 '생명의 종교'라고 말하는데, 당신은 정말로 예수의 부활을 확신하십니까?

확신한다고 하면 그 확신의 근거는 무엇입니까? 증거나 증인이 있습니까? 너무 중요한 문제이기 때문에 부정할 수 없는 확실한 근거가 필요합니다.

예수님의 제자들은 예수님의 십자가 죽으심 이후 "두려워하여 모인 곳의 문을 닫았더니(요 20:19)"라고 했을 정도였는데 그로부터 얼마 후, 사도행전 2장에서 대중 앞에 나가 **생명의 위험을 감수하고 담대하게 복음을 전할 수 있었던 비결**이 무엇이었을까요? 스페어 목숨을 가진 사람은 한 사람도 없습니다.

그들은 부활하신 예수님을 만나고 승천을 목도했으며 성령을 충만히 받았고 예수님의 재림을 확신했기 때문입니다.

내가 죽어 보지 않아도 죽음이 있다는 것은 분명히 알수 있습니다. 우리는 제자들의 180도 변화된 모습 속에서 예수님의 부활을 충분히 확신할 수 있는 것입니다.

기도는 힘이 세다!

"내 하나님 여호와여 주의 종의 기도와 간구를 돌아보시며 이 종이 오늘 주 앞에서 부르짖음과 비는 기도를 들으시옵소서"(열왕기상 8장 28절)

'기독교(基督教)는 기도교(祈禱教)'라는 말이 있는데, 최근에 조카며느리인 홍지현 집사가 살인진드기에 물려 가천대학병원에 입원을 했습니다. 마땅한 치료약이 없고 면역성이 생겨야만 치료가 되는데 환자가 고열에 혈소판이 많이 떨어져 앞으로 사흘이 고비라며 가족들로부터 기도요청을 받았습니다.

며칠 후, 처형으로부터 "에구 살았다 하나님의 기적이다. 열이 떨어지고 많이 좋아졌다"는 문자를 받았습니다.

면역력 수치 측정을 위해 아침마다 채혈을 하는데 그날은 간호사가 채혈을 두 번이나 하기에 그 이유를 물었더니 "면역 수치가 급격히 올라서 검사가 잘못 됐나 싶어 다시 검사를 했는데 결과가 동일하다"며 의사 역시 "이런 일은 없었다"며 놀라워했다고 합니다. 조카며느리는 피검사와 엑스레이 검사 역시 정상 판정을 받고 퇴원했습니다.

기도의 힘 밖에는 달리 설명 할 길이 없습니다.

"기도를 조심하십시오, 그대로 이루어집니다."

1% 믿음, 99% 은혜

"그가 음부에서 고통중에 눈을 들어 멀리 아브라함과 그의 품에 있는 나사로를 보고"(누가복음 16장 23절)

'부자와 나사로의 비유'는 우리가 익히 아는 이야기지만 아무리 읽어 보아도 왜 부자가 불꽃 가운데 떨어졌고, 나사로는 아브라함의 품에 안겼는지 알 수가 없습니다.

부자의 잘못이라고는 가난한 자에게 아무것도 하지 않은 죄뿐이고, 그렇다고 나사로가 천국에 들어갈 만한 특별한 일이나 신앙고백을 한 것도 아닙니다.

그 비밀은 '나사로'라는 이름 속에 있습니다.

'나사로'라는 말의 히브리어는 '엘르아살'인데 그 뜻은 '**하나님은 나의 도우심**'이라는 뜻입니다.

성경에 '나사로'라는 이름을 기록하는 이유는 우리의 구원도 오직 '하나님의 도우심과 은혜 때문'이라는 것입니다.

천국 문 앞에는 '믿음으로!'라고 적혀 있다면, 천국 문 안에는 '은혜로!'라고 적혀 있을 것입니다.

우리의 구원은 1%의 믿음과 99%의 은혜로 가능한 것이고 1%의 믿음조차도 오로지 하나님의 은혜일뿐입니다.

휴대폰과 성경

"성경은 능히 너로 하여금 그리스도 예수 안에 있는 믿음
으로 말미암아 구원에 이르는 지혜가 있게 하느니라"
(디모데후서 3장 15절)

 오늘날 휴대폰의 위력은 대단해서 지하철의 배곡
하던 광고판이 비어 있고, 아이들의 장난감이 팔
리지 않는다고 합니다.

오래전에는 부모님이 돌아가시면 무덤 속 관 위에 성경을 올려놓
기도 했는데, 이제는 그 자리도 휴대폰이 대신한다고 합니다.

부모님의 돌아가시기 전의 유언도 휴대폰을 함께 넣어 달라는
경우가 많고, 자녀들은 돌아가신 부모님의 휴대폰을 해지시키지
않고 기본요금을 계속 내면서 고인과의 끈을 놓지 않으려는 경
향도 보이고 있습니다.

그러나 성경은 생전에 읽어야 하지 죽은 다음에는 관 위에 올려
놓아도 한 절도 읽을 수 없고, 휴대폰을 넣어 드려도 한 사람도
통화가 된 적이 없습니다.

사후에는 하나님과만 연결이 가능한 것입니다.

칭찬의 힘

"타인이 너를 칭찬하게 하고 네 입으로는 하지 말며 외인이 너를 칭찬하게 하고 네 입술로는 하지 말지니라"
(잠언 27장 2절)

 대전 성모병원에 들렀을 때의 일입니다.
직원용 사무실 문 앞에 이런 글귀가 적혀있는 것을 보았습니다.

'문을 닫아 주셔서 감사합니다'

그 말은 '문을 닫아 주세요!'라는 말보다 훨씬 힘이 있는 말이었습니다.

'길에 침을 뱉지 마세요!'보다

'길에 침을 뱉지 않아 주셔서 감사합니다'

'재채기를 할 때는 팔뚝으로 막아 주셔서 감사합니다'

'휴대폰을 진동으로 해 주셔서 감사합니다'라는 칭찬의 말은 같은 말이지만 다른 느낌을 주는 말이었습니다.

말을 할 때 상대방을 존중하고 배려해서 예쁘게 말하는 사람이 있습니다. 그런가 하면 대중 앞에서 말할 때와 개인적으로 만났을 때가 다른 이중적 언어를 구사하는 사람도 있습니다.

지금 당신의 말은 어떻습니까?

찔림의 은혜

"그들이 이 말을 듣고 마음에 찔려 베드로와 다른 사도들에게 물어 이르되 형제들아 우리가 어찌할꼬 하거늘"
(사도행전 2장 37절)

 주일 오전 설교 후 교회 3층 휴게실에서 권사님들을 만났습니다.

오전 예배 설교 말씀에 큰 찔림을 받았다는데 표정은 밝아 보였습니다. 찔렸으면 화가 났어야 할 텐데 편안해 보였습니다. 권사님이 '찔림을 받았다'는 말은 회개하는 깨달음과 도전이 되었다는 뜻이었습니다. 그래서 저는 이렇게 말씀 드렸습니다. "찔리는 게 은혜입니다"라고.

말씀을 듣고 질리면 안 되겠지만, 찔리는 것은 복입니다. 찔리든지 은혜를 받든지 하지 않으면 그날의 말씀은 나와 아무런 상관이 없는 말씀이 되고 마는 것입니다.

문제는 찔림을 받은 그 다음입니다.

초대교회 성도들처럼 "우리가 어찌할꼬?"가 있어야 하는데 대개의 경우는 찔림을 받거나 은혜를 받고는 그것으로 그친다는 것입니다. 찔림을 받았거든 **회개와 생활의 변화**를, 은혜를 받았거든 **감사와 헌신**이 따라야 마땅할 것입니다.

대신 얻은 생명

"내가 온 것은 양으로 생명을 얻게 하고 더 풍성히 얻게 하려는 것이라"(요한복음 10장 10절)

 어머니를 통해 전해들은 국회 찬양대장 김영한 목사님의 간증입니다. 6.25 때 8남매 중 장남인 부친 김 장로님은 자신과 이장(동장) 그리고 부면 장이 인민군에 의해 산속으로 끌려가 죽게 되자 자기를 죽이고 두 사람은 살려달라고 했답니다.

이에 인민군이 총개머리판으로 두 사람을 쳐서 부면장은 죽고, 이장은 기절했다가 깨어나 보니 인민군이 김 장로님을 대검으로 수없이 찔러 벌집처럼 만들어서 죽였다고 합니다. 얼마나 참혹했는지 그 비명 소리에 동네 사람들이 잠을 못 잘 정도였다고 합니다. 그런데 지금 그 순교자 김 장로님의 후손들이 다 잘되었다는 것입니다. 그 자리에서 구사일생으로 살아난 이장은 그 후로 예수를 잘 믿었습니다.

김 장로님 덕분에 이장이 살아난 것처럼, 우리 모두는 **예수님의 십자가 공로로 다시 살게 된 것**을 늘 감사하며 전해야 합니다.

아름다운 지각

"그의 기이한 빛에 들어가게 하신 이의 아름다운 덕을 선
포하게 하려 하심이라"(베드로전서 2장 9절)

 화요 양육반 성경공부를 하는 시간이었습니다.
권사님 한 분이 평소와 달리 좀 늦는다고 그룹 카
톡에 올리시고는 10분 늦게 도착하셨습니다.
보험 일을 오래 하신 분이어서 혹시나 고객을 만나다가 늦으셨는
지 싶어 물었더니 돌아온 대답은 뜻밖이었습니다.
새 생명 초청 잔치를 앞두고 있어 '태신자(전도대상자)'를 만나다가
늦었다는 것입니다.
"태신자 나의 태신자 믿음으로 정했네" 노래하며
태신자를 접촉하던 무렵이었습니다.
함께 모여 있던 반원들의 얼굴에 미소가 번졌습니다.
어쩌다 사정상 늦을 수도 있는 일이지만 태신자를 만나고 오다
가 늦었다는 것은 '**아름다운 지각**'이라는 생각이 들었습니다.
아름다운 지각생이 더 많았으면 좋겠습니다.

잔칫집 같은 교회

"날마다 마음을 같이하여 성전에 모이기를 힘쓰고 집에서 떡을 떼며 기쁨과 순전한 마음으로 음식을 먹고"
(사도행전 2장 46절)

 지난 주일에 있었던 공동의회에서 성도들의 추천을 받은 장로 후보 3인과 안수집사 후보 2인, 안수권사 후보 4인 등 총 9인이 많은 성도들이 모인 가운데 한꺼번에 투표를 치르게 됐습니다.

장로, 집사, 권사를 동시에 표기하는 방법으로 치른 투표는 시간도 절약했을 뿐 아니라 1차에 모두 피택을 받는 쾌거(?)를 이루었습니다.

그야말로 잔칫집 분위기에서 치러진 투표를 마친 후 모두가 흔연히 집으로 돌아갈 수 있었습니다.

오늘 진행될 **1119 새 생명 초청 잔치**에서도 잔칫집 분위기는 계속 이어질 것입니다.

VIP를 모시고 오시는 분이나 VIP로 오시는 분 모두를 맞이하는 은진의 식구들은 추수감사절 떡을 떼고 초청 잔치 음식을 먹으며 더불어 기쁨을 나누었으면 합니다.

째려면 봐도 응답해 주시는 하나님

"너는 내게 부르짖으라 내가 네게 응답하겠고 네가 알지
못하는 크고 은밀한 일을 네게 보이리라"
(예레미야 33장 3절)

 포항에서 요양병원을 운영하시는 여자 원장 집
사님은 무일푼에서 기적을 이루다시피 해 요양병
원을 시작했습니다.

건물 한 동으로 출발했으나 환자들이 늘어나자 건물 계단을 오
르내리면서 창밖으로 보이는 도로를 끼고 있는 땅을 보면서 원
장님 표현에 따르면 '째려보기만' 했다고 합니다.

그런데 얼마 지나지 않아 그 땅에 새 건물이 지어져 요양병원을
확장한 후에 직접 가서 본 적이 있습니다.

제 아내는 쌀이 필요해서 사려 했더니 누군가가 멀리서 연락도
없이 쌀을 보내오고, 사과를 먹었으면 했더니 아는 분이 사과
한 상자를 가져다주시는 **은혜를 누렸다는 것**입니다.

엘리야에게 까마귀를 통해서도 아침, 저녁으로 떡과 고기를 가
져다 주셨듯이 째려만 봐도 응답하시는 하나님을 경험하며 사
시기 바랍니다.

최선을 다하는 삶

"네가 죽도록 충성하라 그리하면 내가 생명의 관을 네게
주리라"(계시록 2장 10절)

 나는 오늘 하루도 내게 맡겨진 일들에
최선을 다했는지를 되묻곤 합니다.
주인 되시는 그분 앞에서나 나 스스로에게 부끄럽
지 않은지, 자랑스러운지를 점검해 봅니다.

반복되는 일들이라고 지겨워하지는 않았는지?

전에 하지 않았던 일들이라고 속으로라도

짜증을 내지는 않았는지?

주어진 일들을 **창의적 아니면 능동적**으로 해내었는지?

아니면 시간을 때우기에 급급했는지?

나는 오늘 그 일에 내가 할 수 있는 최선을 다했는지?

자문자답해 봅니다.

그리하여 오늘도 죽도록 충성하는 자에게 생명의 관을 주시는

신실하신 그분 앞에서 최선을 다하는 삶이고 싶습니다.

힘이 부족 할 때

"너희는 나를 찾으라 그리하면 살리라"(아모스 5장 4절)

 초등학교 시절에 학교에 다니면서 학교 폭력을 염려해 본 적이 한 번도 없습니다. 그렇다고 태권도를 배워 본 적도 없지만 학교에 갈 때는 항상 두 살 위의 형과 동행했기 때문에 언제나 든든했습니다.

산수에서 빼기를 할 때도 '9'를 빼고 남기려면 **윗자리에서 '1'만 빌려오면** 빼고도 남습니다.

마찬가지로 우리 삶에서 아무리 힘이 센 강적과 문제를 만나도 위에 계신 그 분의 힘을 공급받게 되면 언제나 이기고도 남기 마련입니다.

문제가 있습니까? 힘이 부족하십니까?

하나님 그 분의 도우심을 요청하십시오. 그 분은 지금 당신의 도움을 애타게 기다리고 계십니다.

가족 트라이앵글(triangle)

"다윗이 자기의 가족에게 축복하러 돌아오매 사울의 딸
미갈이 나와서 다윗을 맞으며 이르되… 오늘 그의 신복의
계집종의 눈앞에서 몸을 드러내셨도다 하니"
(사무엘하 6장 20절)

 부부는 50대를 넘어서면서 남편은 여성호르몬의
영향을 받게 되고 아내는 남성 호르몬의 영향을
받아 두 사람 모두 성향의 변화가 생기면서 **가정
은** 점차 **아내의 영역으로** 들어가는 경향이 있습니다.

아내는 아이들이 어릴 적에는 잘 다스리고, 남편의 권위를 세워
주다가 아이들이 커가면서 양육의 한계를 느끼게 되고 그 무렵
미갈처럼 남편의 권위를 깎아 내리기 쉽습니다.

그럴 때 자녀가 장성하면 이제는 남편이 아이들을 케어할 수 있
어야 하는데, 아내에 의해 낮은 자존감을 갖게 되고 가정에서의
권위를 상실하게 된 남편이 할 수 있는 일은 거의 없게 됩니다.

서로 존귀하게 여기고 권위를 세워주는 부부와 부모자식의 관
계가 건강한 가족 트라이앵글입니다.

신은 죽지 않는다

"그는 신인즉 묵상하고 있는지 혹은 그가 잠깐 나갔는지 혹은 그가 길을 행하는지 혹은 그가 잠이 들어서 깨워야 할 것인지 하매"(열왕기상 18장 27절)

'신은 죽지 않았다(GOD'S NOT DEAD)'는 제목의 영화가 절찬리에 방영된 적이 있습니다. 그것은 오늘날 많은 사람들이 '신은 죽었다'고 믿기 때문에 나온 영화입니다. 신(神)은 죽지 않았고 죽을 수도 없지만, 사람들은 자기 마음속에서 신을 버림으로 죽은 신으로 만들어 놓고 말았습니다. 그러나 인류와 우주를 창조하신 하나님은 사람들이 불신앙하거나 버린다고 해서 없어지는 신이 아닙니다.

바알의 선지자들은 아침부터 저녁까지 칼과 창으로 자신들의 몸을 상하게 하면서까지 바알을 찾았지만 응답이 없자, 엘리야 선지자는 "너희 바알신이 묵상하고 있는지 출타했는지 혹은 잠이 들었는지 알아보라"고 했습니다.

다른 신은 사람들이 버리면 없어지는 무능한 신이지만, 하나님은 졸지도 주무시지도 않고 죽을 일도 없는 사시고 참되신 하나님이십니다.

글의 힘

"이에 예수께서 그들에게 말씀하시되 이 글이 오늘 너희 귀에 응하였느니라 하시니" (누가복음 4장 21절)

 역사를 거슬러 올라가 보면 고려 시대에는 문무 (文武)를 겸비한 장군들이 많이 있었음을 알 수 있습니다. 그중에 강감찬 장군은 탁월한 인물이 었습니다.

문무를 겸했을 때도 항상 먼저 나오는 것은 '문(文)'이듯이, 글에 는 엄청난 힘이 있습니다.

글을 쓰는 사람을 가리켜 '글쟁이'라고 하는데, 글쟁이는 글로 말 합니다.

글쟁이라 할 수 없는 평범한 사람이라도 '할 일을 적어 놓으면 그 일이 이루어진다'는 것을 알 수 있습니다.

글을 잘 쓰는 방법은 지금 바로 글을 쓰는 것입니다. **마음이 담 긴 글은 사람의 심금을 울리고, 심금을 울린 글은 사람을 변화시킵니다.**

매로 안 되는 것을 글로 이룰 수 있습니다. 글이 생긴 이래로 가장 많이 읽히고, 가장 힘 있는 글은 성경입니다. 한 번 정독해 보시지 않겠습니까?

고아 심정 체험

"내가 너희를 고아와 같이 버려두지 아니하고 너희에게
로 오리라"(요한복음 14장 18절)

 한 겨울 추위가 더 추운 사람들이 있습니다. 장갑
을 껴도, 롱 패딩 코트를 입어도 찬바람이 스며드
는 마음만은 막을 수가 없습니다. 그들의 이름은
고아입니다.

간밤 꿈속에서 고아 체험을 한 잔상이 오전 내내 강렬하게 남아
있습니다.

꿈속에서, 낮 시간 사무실에서 여러 사람에게 둘러싸여 있다가
집에 돌아와 **홀로 남겨져 있을 때의 먹먹함**이 큰 고통으로
다가오는 것을 머릿속이 아닌 가슴으로 느꼈습니다.

아직까지 부모가 생존해계셔서인지 고아의 심정에 대한 깊은 이
해는 없지만 잠에서 깨어나서 고아의 **고통과 상실감**에 대해
진지한 고민을 해보는 계기가 되었습니다.

고아의 아버지가 되시는 아버지 하나님의 마음을 품었으면 합
니다.

하늘보고 하는 기도

"하늘을 우러러 축사하시고 떡을 떼어 제자들에게 주시매 제자들이 무리에게 주니"(마태복음 14장 19절)

 "기도는 하늘에 심어서 땅에서 거두는 것입니다"
고아의 아버지요, 기도의 사람인 조지 뮬러
(1806~1898)는 기도 방석이 몇 개나 구멍이 날 만큼 기도를 많이 했습니다. 그리고 후대 사람들이 그가 기도의 응답을 받은 것이 몇 번이나 되는지 기도수첩을 체크해 보니 적어도 3만 번 이상이었다고 합니다.

교회 본당이 마룻바닥이던 시절, 어떤 이는 새벽이나 밤에 기도하던 자리에서 늘 기도를 했기에 앉은 자리가 움푹 들어갈 정도로 열심히 기도하던 사람들이 있었습니다.

그분들의 고개는 마룻바닥을 향했지만, 마음만큼은 예수님과 제자들처럼 하늘을 보면서 기도했을 것입니다.

우리도 바닥을 보며 기도하든 하늘을 보고하든, 사람을 보고 하는 기도가 아니라, **하나님을 보고 하는 기도**가 되기를 바랍니다.

내 마음의 운동장

"속에서 곧 사람의 마음에서 나오는 것은 악한 생각 곧 음란과 도둑질과 살인과"(마가복음 7장 21절)

 운동장에서는 누구나 걸어도 되고 뛰어도 됩니다. 그러나 내 마음의 운동장에는 아무나 들어오게 해서는 안 됩니다.

남자의 마음에는 여자가, 여자의 마음에는

남자가 들어 올 수 있지만,

남편의 마음에는 아내만, 아내의 마음에는

남편만 들어오게 해야 합니다.

그래야 마음에 평화가 있습니다.

회사나 관공서와 경찰서 또는 병원을 출입할 때도

출입증을 가지거나 스크린도어가 열려야 출입할 수 있습니다.

교회도 마찬가지입니다.

불순한 의도를 가진 이단이나 도적과 같은 사람들이

함부로 들어와서 판을 치지 못하게 해야 합니다.

그래서 교회가 사도행전의 교회와 같이

'평안하여 든든히 서가는 교회'가 되게 해야 할 것입니다.

200번의 주일 설교 제목 암기

"인자와 진리가 네게서 떠나지 말게 하고 그것을 네 목에 매며 네 마음판에 새기라"(잠언 3장 3절)

 언젠가 주일 예배와 설교가 제가 은진 교회에 부임하고 나서 200번째라는 사실을 알게 되었습니다.

우리 교회 김진숙 권사님은 제가 부임한 후 오늘까지 주일 오전 예배 설교 제목을 하나도 빠짐없이 차례대로 다 외우고 계십니다.

"그게 어떻게 가능하냐"고 했더니 매주 주일에 설교를 들을 때마다 '내가 오늘 이 말씀을 받지 않으면 내 영혼이 죽는다'고 생각하고 말씀 듣기에 집중한다는 것입니다.

그리고 나면 지난 주일까지 외웠던 199가지 설교 제목에 이번 주일 설교 제목 하나를 더 얹으면 된다는 것입니다. 더 놀라운 것은 한 해에 한 번 여름휴가 때 부목사님들이 설교해서 제가 설교를 하지 않은 주일 날짜까지 외우고 있었습니다.

설교를 하고 있는 나는 과연 그 권사님만큼 내가 지금 전하고 있는 설교 제목을 외우는 것은 고사하고 마음 판에 새기고 있는가? 하는 것을 묻게 됩니다.

맘에 들어요!

"사랑 안에 두려움이 없고 온전한 사랑이 두려움을 내쫓나니"(요한일서 4장 18절)

 목회자들의 힐링 타임인 월요일 정오에 장로회신학대학원 파라나(81기) 임원들이 수련회로 송도에서 모임을 가졌습니다.

가깝게는 인천과 서울에서, 멀리는 전주와 광양에서 모여왔습니다. 밀린 이야기와 한국 교회를 주제로 많은 이야기들이 오고 갔습니다.

이른 아침 식사를 하고 헤어지기 위해 들린 콩나물 국밥집 식탁에 다섯 쌍의 부부가 마주 앉았습니다. 자리가 부족해서 우리 부부는 다른 테이블에서 식사를 했습니다.

식사가 끝난 후 함께 탄 엘리베이터 안에서 짓궂은 동기 목사님이 아내에게 **"오늘 맛선 어땠어요?"** 라고 물었습니다. 순간 나는 얼음이 되었는데, 아내의 대답은 **"맘에 들어요"** 였습니다.

모두의 웃음보가 터졌고, 순간 나도 **얼음땡**이 되었습니다.

1987년 10월에 결혼했으니 결혼 30주년이 넘었습니다. 교회 일로 경황이 없는 남편을 무던히도 참아내 준 아내에 대한 고마움과 책임감을 다시금 확인하게 된 순간이었습니다.

성경을 살라

"나의 이 말을 듣고 행하는 자는 그 집을 반석 위에 지은
지혜로운 사람 같으리니"(마태복음 7장 24절)

 어느 교회 목사님이 새로운 목회지에 부임해서 두
번째 주일예배에서 첫 주일에 하신 설교를 똑같이
하셨습니다. 아마도 착각하셨나 보다 했는데 그
다음 주일에도 똑같은 말씀을 전하셨습니다. 그래서 성도 몇 사
람이 찾아가서 여쭈었더니 목사님의 대답은 의외였습니다.
말씀대로 살라고 설교했는데 변화가 없어서 연속으로 세 주일을
말씀하셨다는 것입니다.
이 세상에는 세 부류의 사람이 있습니다.
성경을 모르는 사람과
성경을 아는 사람과
성경으로 사는 사람이 있습니다.
말씀을 듣기만 하는 자가 아니라 말씀대로 살려고 영적인 몸부
림을 칠 수 있는 성경으로 사는 사람이 되었으면 합니다.

믿을 걸 믿습니까?

"진리가 예수 안에 있는 것 같이 너희가 참으로 그에게서 듣고 또한 그 안에서 가르침을 받았을진대"
(에베소서 4장 21절)

 "둔필의 기록이 총명한 기억보다 낫다"는 뜻의 '둔필승총(鈍筆勝聰)'이라는 말이 있습니다. 내 기억이 분명하다고 생각했는데 알고 보니 착각이 많이 있을 것입니다.

기억을 믿지 마세요! 기억은 참고사항이지 믿을 만한 것이 못됩니다. 기억뿐만 아니라 학문도, 법률도, 상식도 다 변하는 것들이요 불완전한 것들입니다.

그러나 변하지 않는 것이 하나 있는데 그것은 진리입니다.

성경은 "진리의 성령"(요 16:13)이라고 했고, "진리가 너희를 자유롭게 하리라"(요 8:32)하신 **진리의 본체는** 예수 그리스도이십니다.

기억을 믿을 것이 아니라 진리를 믿으십시오.

방언과 예언

"이 예언의 말씀을 읽는 자와 듣는 자와 그 가운데에 기록한 것을 지키는 자는 복이 있나니 때가 가까움이라"
(요한계시록 1장 3절)

방언의 은사만큼 신비하고 부러운 은사도 없습니다. 사람들이 알 수 없는 하늘의 언어로 하는 기도는 하는 이에게나 듣는 이 모두에게 은혜가 됩니다.

그런데 말씀을 보는 눈이 열리고 말씀이 깨달아져서 깨달은 말씀으로 하늘의 비밀을 전하는 예언의 은사는 성경에서 방언보다 더 권하는 은사이기도 합니다.

방언은 큰 소리로 오래 기도해도 목이 쉬지 않는 은혜가 있습니다.

은사는(spiritual gift) 하나님이 주시는 특별한 선물입니다.

은사를 사모하되 날마다 **더 나은 은사를 사모**하시기를 진심으로 바랍니다.

자식의 조건

"이에 일어나서 아버지께로 돌아가니라 아직도 거리가 먼데 아버지가 그를 보고 측은히 여겨 달려가 목을 안고 입을 맞추니"(누가복음 15장 20절)

 누가복음 15장에 따르면 잃어버린 아들은 집나간 작은 아들도 있었고, 집안에 있었으나 잃어버린 큰 아들도 있었습니다.

작은 아들이 처음부터 허랑방탕한 생각을 가지고 집을 나갔는지 아니면 자기 몫의 재산을 가지고 대박을 터뜨리고 성공해서 돌아오려 했으나 뜻을 이루지 못하자 허랑방탕하게 되었는지는 알 수 없습니다.

세상의 많은 자식들은 출세하고 성공해서 돌아와 집안을 일으켜 세워야 부모 앞에 떳떳한 자식이라고 생각하지만 부모의 생각은 다릅니다.

자식은 그저 한 핏줄을 타고 나서 함께 먹고 함께 자고 함께 살기 때문에 자식이고 가족인 것입니다.

자식의 조건은 **성공이 아니라 함께함**에 있습니다.

거둠과 심음

"너희는 세일에 거주하는 너희 동족 에서의 자손이 사는
지역으로 지날진대 그들이 너희를 두려워하리니 너희는
스스로 깊이 삼가고 그들과 다투지 말라"
(신명기 2장 4, 5절)

 사람은 치매에 걸리거나 건망증이 아니더라도 받
은 은혜를 쉽게 잊어버리지만 하나님은 마음을
다하여 기억하십니다.

이스라엘이 광야 길에서 가나안으로 가는 길목에 있었던 에서의
후손인 에돔과 아브라함의 조카 롯의 후손인 모압과 암몬은 단
지 이스라엘과 혈연관계라는 사실 하나만으로도 많은 혜택을
누렸습니다.

오늘 우리나라와 한국교회도 조상 덕으로 많은 것을 거두고 있
는데, 우리의 다음 세대들은 **무엇을 거두게 될지**를 생각하며
오늘 우리가 그것을 하나하나 심어가야 할 것입니다.

심어야 거둡니다.

영적인 혈압체크

"눈이 있어도 보지 못하고 귀가 있어도 듣지 못하는 백성을 이끌어 내라"(이사야 43장 8절)

 정기 검진을 위해 동네에 있는 가정의학과에 들렀습니다. 청진기로 가슴을 진찰하고 난 의사는 웃옷을 벗게 하고서 손목 진맥을 하기 시작했습니다.

그러더니 자리를 옮겨서 혈압을 재자고 하기에 청진기와 진맥의 결과 무슨 이상이 있는가 싶어서 조심스럽게 기계로 혈압을 재었더니 결과는 120에 59로 혈압은 정상이었습니다.

내 눈으로 볼 수 있는 것은 안심이었지만 **청진기와 진맥의 결과**는 아직도 알 수 없는 상태에서 **의사의 최종 진단 결과**는 모두가 정상이라는 것이었습니다.

다만 의사의 중간과정에 대한 설명 없음의 과묵함이 잠시나마 긴장을 불러왔음을 확인하는 순간 불현듯 나의 영적인 혈압이 궁금해졌습니다.

지금 당신의 영적인 눈과 귀와 혈압의 상태는 어떠하십니까?

마지막에 하는 말

"주께서 사람을 티끌로 돌아가게 하시고 말씀하시기를 너희 인생들은 돌아가라 하셨사오니"(시편 90편 3절)

 또 한 분을 보내드렸습니다. 장례식장에서 임종예배와 입관예배에 이어 발인예배를 드렸고 영구차는 벽제 승화원에 도착했습니다.

죽는 것은 순서가 없다지만, 화장(火葬)에는 순서가 있어서 제법 기다렸다가 차례가 되어 12번 화구 앞에 유족들과 함께 대기하며 유리 넘어 화구로 들어가는 고인의 마지막 관(棺)을 보았습니다.

그때, 유족들의 입에서 나오는 탄식은 이러했습니다.

"죄송합니다."

"아프지 말고…."

우리가 할 수 있는 말과 행동은 고작 그것뿐입니다.

그럴 줄 알았더라면 생전에 좀 더 잘해드렸을 것을…

미련과 후회만 남습니다.

그래도 소망 하나는 남겨놓고 떠났습니다.

예수를 믿고 가셨기에 믿으면 보겠네!

경쟁 유감

"이기기를 다투는 자마다 모든 일에 절제하나니 그들은 썩을 승리자의 관을 얻고자 하되 우리는 썩지 아니할 것을 얻고자 하노라"(고린도전서 9장 25절)

 운전을 하다가 보면 위험하거나 얄밉게 끼어드는 차량이 있고, 그러다 보면 그 차량 운전자와 **속도 경쟁을 하고 있는 자신**을 볼 때가 있습니다. 그럴 필요가 전혀 없는데 말이지요.

경쟁에 마음을 빼앗기기는 도로 위에서만이 아니라 우리 생활 대부분의 현장에서 일어납니다. 학교와 직장에서, 심지어는 교회에서까지도 예외는 아닙니다.

정작 경쟁을 하려면 내 곁의 사람이 아니라 세계에서 유수한 아무개와 할 일이고, 궁극적으로는 하나님 나라의 상급과 면류관을 받기 위한 선한 싸움이 우리 경쟁의 목표라는 것을 잠시 잊고 살지는 않았습니까? 눈 앞에 보이는 것들과 경쟁하기 보다 눈에 보이지 않는 보다 영원한 것을 추구할 수 있기를 바랍니다.

사랑은 아무나 하더라

"맛다냐니 이 맛다냐는 그의 형제와 함께 찬송하는 일을 맡았고"(느헤미야 12장 8절)

 대중가요 중에 "사랑은 아무나 하나"라는 노래를 불러서 히트를 친 가수가 있습니다. 그런데 우리 주변을 둘러보면 사랑을 아무나 하고, 아무렇게나 하고 있는 것을 볼 수 있습니다.

지하철이나 공원에서 보는 이들을 불편하게 만드는 사랑놀이꾼들이 있고, 동성끼리의 사랑은 창조주의 창조원리나 인체구조에도 맞지 않는 불의한 사랑을 하고 있지만 찬양은 아무나 하는 것이 아닙니다.

죄와 사망에서 구원해 주신 하나님의 은혜를 아는 사람만이 찬양할 수 있습니다. **내 안에 영적 생명이 없이는** 한 소절도 찬양할 수 없습니다. 아무나 하지 못하는 찬양을 하는 사람은 복있는 사람입니다.

이.목.구.비 미소

"그들 앞에서 변형되사 그 얼굴이 해 같이 빛나며 옷이 빛과 같이 희어졌더라"(마태복음 17장 2절)

 깨끗한 피부와 더불어 이목구비가 뚜렷한 사람을 통칭 미인이라고 부릅니다.

성형외과 전문의들은 "**이마가 예뻐야 얼굴이 살아난다**"고 합니다. 이마가 얼굴의 3분의 1을 차지하고 있어서 정면과 측면의 모습을 결정한다는 것이지요.

그런데 얼굴에는 이목구비(耳目口鼻) 외에 다른 한 가지가 더 있다는 사실을 아시나요? 그것은 '**미소**(媚笑)'입니다.

'2015 제네바 모터쇼' 레이싱 모델 가운데 눈길을 끈 사람은 이목구비가 잘생긴 사람이나 화려하고 노출이 많은 모델이 아니라 미소가 아름다운 사람이었습니다.

미소는 이목구비와 함께 얼굴에서 제일 중요한 부분임을 잊지 말아야 합니다.

가스 방독면

"그러나 노아는 여호와께 은혜를 입었더라"
(창세기 6장 8절)

 LPG 가스통을 바꾸러 온 배달원에게 물었습니다.

"가스통 배달을 하다 보면 가스를 많이 흡입하게 되지 않느냐?"고.

그러나 돌아온 대답은 "가스를 별로 안 마신다"는 것입니다.

의외였습니다.

비결이 뭐냐고 했더니 가스통을 교체하는 순간에는 **호흡을 멈추고 숨을 쉬지 않아** 방독면의 효과를 본다는 것입니다.

아하~ 그렇구나!

주부 폐암의 원인 중 하나라는 주방 가스 불을 사용할 때 잠시 숨을 멈춘 후 불을 켜고, 조리하는 동안에는 철저히 환기할 필요가 있습니다.

또한 아무리 죄악이 관영한 세상 속에 살지라도 그리스도인이 **신앙적 결단**을 가지고 **의지적인 판단과 행동**을 하기만 하면 '노아처럼 얼마든지 의인이요, 완전한 자요, 하나님과 동행할 수 있구나'하는 희망을 보았습니다.

미안합니다

"형제 사랑하기를 계속하고" (히브리서 13장 1절)

 우리나라 주택의 58%가 맨션형 아파트여서 아파트 공화국이라는 말까지 나오고 있습니다.

아파트는 산업화와 대도시 집중현상을 감당할 수 있는 유일한 방편이며, 부의 상징이기도 합니다. 이제 그 부의 상징이 다툼의 상징이 되어 버렸습니다.

층간 소음문제로 끊임없는 시비와 갈등이 생겨나고 있습니다. 문제는 라이프스타일이 다른 누군가가 내 천장 위에 살기 때문입니다. 나 또한 내 아랫집의 천장 위에 살고 있습니다.

문제 해결의 열쇠는 우리 모두가 **"당신의 천장에 살아서 미안합니다"**하는 마음으로 산다면 모든 문제는 눈 녹듯이 사라질 것입니다.

건물을 짓는 사람들이 내 집을 짓듯이 하고

천정에 사는 사람들이 조금만 배려하면 층간 소음 문제는 얼마든지 해결할 수 있습니다.

하나님이 가까이하시는 사람

"여호와는 마음이 상한 자를 가까이 하시고 충심으로 통
회하는 자를 구원하시는도다"(시편 34편 18절)

 사람은 **상한 과일**을 골라내서 버리지만 하나님
은 **상한 심령**을 가까이하신다고 다윗은 그가 경
험한 하나님을 고백하고 있습니다.

하나님은 왜 마음이 상한 자를 가까이하실까요?

사람은 형통하고 기쁠 때는 하나님을 찾을 마음이 없습니다.

환란과 고통과 시련의 바람이 불어와 마음이 상할 때에야 비로
소 하나님을 찾게 되는 것입니다.

하나님이 때와 장소에 따라 우리를 골라서 찾으시는 것이 아니
라 우리가 때로는 하나님과 옹벽을 쌓기도 하고 급하면 119를
부르듯 찾아 부르지만 그분은 언제나 **다정한 친구처럼** 우리를
만나 주시는 것입니다.

지금 그분이 필요하지 않으세요?

그분을 찾아 만나보십시오.

철들지 않는 종족

"남자와 여자를 창조하셨고 그들이 창조되던 날에 하나
님이 그들에게 복을 주시고 그들의 이름을 사람이라 일컬
으셨더라" (창세기 5장 2절)

 아들 둘을 둔 엄마들이 흔히 하는 말은 "집에 아
들 셋을 키운다"는 것입니다. 남편까지도 철없는
아이에 포함시키는 것이지요.

나이가 들어도 철없는 종족이 있는데, 바로 남자입니다.

"남자는 죽을 때까지도 철들지 않는다"는 말도 있습니다. 철들
자마자 죽는다는 것이지요. 그러니 영원히 철들지 말아야 할
까요?

철들지 않는 종족을 여자들 곁에 바짝 붙여 두신 이유는 무엇일
까요? 그런 남편과 아이들을 돌보면서 **더 철없는 행동을 하
지 못하도록** 하시려는 것은 아닐까요?

대게는 젊을 때는 남편이 아내를 보호하지만 나이가 들어서는
아내가 남편을 부축해서 병원에 데리고 가는 모습을 쉽게 목격
할 수 있습니다. 남자는 철이 없더라도 남편은 이제 좀 철이 들었
으면 합니다.

고난도 스펙이다

"그리스도의 평강이 너희 마음을 주장하게 하라 너희는 평강을 위하여 한 몸으로 부르심을 받았나니 너희는 또한 감사하는 자가 되라"(골로새서 3장 15절)

 심방하러 간 목사님에게 시각장애인 정은희 자매가 말했습니다.

"제가 하나님께 받은 사랑을 다 이야기하면 목사님이 삐칠 것 같아서 다 얘기 못해요."

위치 좋은 곳의 아파트 단지에 한 동 뿐인 임대 아파트를 정부로부터 배정 받은 것이나, 사소하게는 자기가 사는 10층의 엘리베이터 버튼이 맨 아래에 위치해 있는 것도, 자기 호수 우편함이 맨 위에 있어서 찾기 편리한 것도 감사한 일이라고 했습니다.

또한 아파트 바로 뒷산에 개나리가 만개하면 어렴풋하게나마 노란색이 눈에 비치는 것도 감사하답니다.

거실 앞쪽에 건물이 없이 트여있는 것도 시각장애인으로서는 바깥 시선으로부터 자유로울 수 있는 큰 행운이랍니다.

지금껏 자신이 받은 '고난도 스펙'(Specification)이라는 말에 그만 할 말을 잊을 수밖에 없었습니다.

나의 등 뒤에서 나를

"너희가 일찍이 일어나고 늦게 누우며 수고의 떡을 먹음이 헛되도다 그러므로 여호와께서 그의 사랑하시는 자에게는 잠을 주시는도다"(시편 127편 2절)

 새벽 기도회 후, 개인 기도 시간에 깜빡하고 잠이 들었을 때였습니다. 마치 새 털로 건드리듯이 누군가가 내 등을 가볍게 터치하는 느낌을 받았습니다.

그래서 주위를 둘러보았지만 기도하는 사람들 외에 아무도 없었습니다.

그때 비로소 알았습니다.

"나의 등 뒤에서 나를 도우시는 주…"

그동안 찬송으로만 불렀던 그 **주님이 나를 만지고 가셨음을** 느꼈습니다.

그때의 그 황홀감은 말로는 다 표현할 수 없습니다.

'깨어 기도하고 구해야 할 것이 많음을 아시고 깨워 주셨구나'하고 기쁨으로 간절히 기도했습니다.

여자의 마음은 민들레

"주께서 심지가 견고한 자를 평강하고 평강하도록 지키시리니 이는 그가 주를 신뢰함이니이다"(이사야 26장 3절)

 앞서 가던 아가씨가 세탁소 문턱 아래에 간신히 피어있던 민들레를 꺾어 들고 가면서 훅씨를 입으로 불자 민들레가 사방으로 날아가는 것을 보았습니다.

"여자의 마음은 갈대와 같다"고 흔히들 말하지만, 요즈음에는 "여자의 마음은 민들레와 같다"로 바뀌었다는 것입니다.

예전 같이 흔들리다가 마는 것이 아니라 아예 달아난다는 것이겠지요.

흔들리는 것을 붙잡을 수 있는 것은 집착이나 연연이 아니라 평소에 쌓아놓은 신뢰감과 참사랑이 아닐까요.

주께서도 **심지가 견고한 자를 평강하고 평강하도록 지키신다**고 했습니다.

사탄의 민낯을 보았다

"이것은 이상한 일이 아니니라 사탄도 자기를 광명의 천사로 가장하나니"(고린도후서 11장 14절)

 꿈을 신봉하지도 않고 가끔 개꿈을 꾸기도 하지만 때로는 입체적인 교과서가 되어 많은 것을 깨닫게 할 때도 있습니다.

간밤 꿈에 본 형상은 사람의 얼굴에 공작새 색깔 같은 것이 덧씌워졌고 깃털이 일부 빠져 나가 패인 자리는 흉측한 흉터로 남은 것과 같은 잔상이 오후가 되어도 가시지 않을 정도로 트라우마가 되었습니다.

전설의 고향에 나오는 소복 입고 피 흘리는 것은 비교도 안 될 정도로 섬뜩하고 느글거리는 징그러운 모양에서 사탄의 민낯을 보는 듯했습니다.

사탄도 광명의 천사로 가장하기도 하는데,

그 민낯은 한 번 옆으로 본 것만으로도 끔찍한 일이었습니다.

나의 내면의 모습이 사탄의 얼굴을 하고 있지 않기를 간절히 기도합니다.

오드리 햅번 유훈

"여러분이 아는 바와 같이 이 손으로 나와 내 동행들이
쓰는 것을 충당하여… 또 주 예수께서 친히 말씀하신 바
주는 것이 받는 것보다 복이 있다 하심을 기억하여야 할
지니라"(사도행전 20장 34, 35절)

 오드리 햅번(1929-1993)이 숨을 거두기 일 년 전
크리스마스 이브에 아들에게 이런 말을 남겼습
니다.

아름다운 입술을 가지고 싶으면 친절한 말을 하라.

사랑스런 눈을 갖고 싶으면 사람들에게서 좋은 점을 봐라.

날씬한 몸매를 갖고 싶으면 너의 음식을 배고픈 사람과 나누어
라.(아름다운 머리카락을 갖고 싶으면 하루에 한 번 어린이가 손가락으로 너의
머리를 쓰다듬게 하라. 아름다운 자세를 갖고 싶으면 결코 너 혼자 걷고 있지 않
음을 명심하라.)

네가 더 나이가 들면 손이 두 개라는 걸 발견하게 된다. 한 손은
너 자신을 돕는 손이고 다른 한 손은 **다른 사람을 돕는 손**
이다.

오드리 햅번의 마지막 말을 통해 우리는 사람의 첫 말은 중요하
고, 마지막 말은 진실해야 한다는 것을 생각해 봅니다.

성탄목 의미

"오늘 다윗의 동네에 너희를 위하여 구주가 나셨으니 곧 그리스도 주시니라"(누가복음 2장 11절)

 대림절로부터 시작되는 성탄절은 온 누리에 기쁨과 평화를 줍니다.

거리의 성탄트리와 장식은 주인공을 잃어버린 X-mass와 머~니 크리스마스가 되어 버렸고, 교회의 성탄목마저도 정체불명이 되어 버렸지만 본래의 성탄 장식에는 **빵**과 **촛대** 그리고 **장미**와 **사과**를 달아야 합니다.

생명의 빵으로 오신 예수 그리스도(요 6:51),

어두운 세상에 빛으로 오신 예수 그리스도(요 8:12),

이새의 줄기에서 한 싹이 나서

보혈의 붉은 장미꽃을 피운 예수 그리스도(사 11:1)

첫째 아담의 선악과를 십자가로 이기신

둘째 아담으로 오신 예수 그리스도(고전 15:45)를

구주와 주님으로 영접하는 모든 자에게

성탄은 구원과 임마누엘이 됩니다.

삶의 축

"이는 한 아기가 우리에게 났고 한 아들을 우리에게 주신 바 되었는데 그의 어깨에는 정사를 메었고 그의 이름은 기묘자라, 모사라, 전능하신 하나님이라, 영존하시는 아버지라, 평강의 왕이라 할 것임이라"(이사야 9장 6절)

 기독교는 사람의 머리로 다 판단할 수 있는 종교가 아닙니다. 하나님과 하나님이 하시는 일을 우리가 다 이해할 수 있다고 하면 그분은 하나님이 아닐 것입니다.

성탄을 기다리는 **대강절의 네 주간**은 전능하시고 영존하시는 성부 하나님이 사람의 몸을 입고 삼위일체의 기이한 성자 하나님으로 우리를 구원하러 이 땅에 오심을 기뻐하며 맞이하는 기독교 최대의 절기입니다.

이제 그분을 내 삶의 변방이 아닌 중심에 모시고 **교회생활을 축**으로 하여 가정생활과 사회생활을, 시계의 바늘이 일정하게 돌아가듯 반듯하게 살아가야 하지 않겠습니까!

당신의 삶의 축은 교회, 가정, 직장 어느 곳인지 **지금 확인하십시오.**

착한 크리스마스

"보라 처녀가 잉태하여 아들을 낳을 것이요 그의 이름은
임마누엘이라 하리라 하셨으니 이를 번역한즉 하나님이
우리와 함께 계시다 함이라"(마태복음 1장 23절)

 해마다 울려퍼지는 성탄 캐럴은 우리의 마음을
훈훈하게 해 줍니다.

이제는 만나는 사람들마다 성탄의 인사를 나누
어야 할 때입니다.

지구촌 곳곳에서 '**메리 크리스마스**(Merry Christmas)'로,

프랑스에서는 '**조이유 노엘**(Joyeux Noel)'로,

중국에서는 '**셍탄 쿠와일러**'라고 하는데

그러면 우리는 어떻게 인사할까요?

'**성탄을 축하합니다**' 하면 어떨까요?

성탄의 주인공으로 오신 예수 그리스도는

사랑과 용서와 나눔을 선물로 가지고

우리 가운데 임마누엘(Immanuel, 마 1:23)로 오셨습니다.

성탄의 주인공을 닮아

우리도 올 한해 못다 한 **사랑과 용서와 나눔**을 실천하는

착한 크리스마스를 보냈으면 합니다.

성탄 앙케이트(enquete)

"자기 땅에 오매 자기 백성이 영접하지 아니하였으나 영접하는 자 곧 그 이름을 믿는 자들에게는 하나님의 자녀가 되는 권세를 주셨으니"(요한복음 1장 11, 12절)

 지난 성탄절 이브에 삼산동 젊음의 거리 한쪽에서는 눈꽃 축제가 열렸고, 다른 한쪽에서는 대현교회 청년들의 '성탄 앙케이트'가 있었습니다.

성탄절을 맞아 캐롤을 부르는 팀 앞에 세워진 큰 우드락에 '성탄절에 가장 생각나는 것은?'이라고 질문했습니다.

네 개의 답 중 하나에 스티커를 붙이고 손난로를 받아간 사람은 총 453명입니다.

그 중에 228명이 **선물**이라고 답을 했고, 112명이 **예수님**, 93명이 **데이트**, 20명이 **회식**에 스티커를 붙였습니다.

이것이 오늘날 왜곡된 우리들 성탄절의 현실입니다.

성탄 트리의 올바른 장식물 만큼이나 주님 오신 참뜻이 알려졌으면 합니다.

개콘이 이보다?

"즐거워하는 자들과 함께 즐거워하고 우는 자들과 함께 울라"(로마서 12장 15절)

교회 창립 41주년 기념행사인 부서별 릴레이 성경 암송대회로 마태복음 5장 1절에서 12절까지 '팔복의 말씀'을 암송한 적이 있습니다.

각 남녀선교회와 청년부를 비롯해서 소망부의 외국인들까지 다양하게 출연해서 15개 팀이 암송을 했는데, 잘 외우는 팀은 잘 외워서 웃고, 가장 짧은 구절 11자를 틀리면 재미있다고 웃고, 소망부의 외국인들은 영어로 암송하다가 프랑스에서 온 형제가 중간에 불어로 암송을 해서 심사위원들을 당황스럽게 하기도 했습니다.

그날 1등의 영예는 아동부 아이들에게로 돌아갔습니다. 초고속으로 외우면서 번개 속도로 마이크를 넘기는데 LTE급이었습니다.

두 시간 동안 펼쳐진 성경 암송과 잠언 및 교회 상식 퀴즈대회는 각본 없는 드라마요, 개콘이 이 보다 재미있을 수는 없을 정도였습니다. 모두가 웃느라 눈가에 주름은 늘었을지 몰라도 십 년은 젊어지고 **모두가 하나 되는** 즐거운 하루였습니다.

역사의 주인공

"바로가 또 요셉에게 이르되 내가 너를 애굽 온 땅의 총리가 되게 하노라 하고"(창세기 41장 41절)

 우리는 창세기를 읽으면서 한동안은 형들을 위해 선의로 심부름을 갔던 요셉이 형들의 손에 팔려서 인신매매를 당해야 하고, 보디발의 집에서 충성한 것 외에는 아무런 잘못이 없는데도 감옥에 갇히는 이유를 이해할 수 없습니다.

그런 중에 갑자기 애굽 왕의 술 맡은 자와 떡 굽는 자가 요셉이 갇혀있는 친위대장의 집 안에 있는 옥에 갇히게 되고 그 두 사람이 꿈을 꾸는 것이나, 바로가 꿈을 꾸는 것이 다 별개인 것 같아 보이지만 지나고 보니 퍼즐 조각과 같아서 가깝게는 요셉을 총리가 되게 하고, 멀게는 형들과 베냐민과 아버지 야곱을 기근에서 면하게 하심으로 이스라엘을 끝내 구원하시고자 하시는 하나님이 만드신 드라마의 각본이었음을 뒤늦게야 깨닫게 됩니다.

요셉 한 사람을 역사의 주인공으로 삼으심처럼 하나님은 오늘도 당신을 그렇게 사용하고 계십니다. **지금 겪고 있는 고난은 그 퍼즐의 한 조각**일 뿐입니다.

내 것은 하나도 없습니다!

"너는 피투성이라도 살아 있으라 다시 이르기를 너는 피투성이라도 살아 있으라"(에스겔 16장 6절)

 '오직 예수뿐이네'라는 복음송 가사에 보면 "은혜 아니면 살아갈 수가 없네 호흡마저도 다 주의 것이니

세상 평안과 위로 내게 없어도 예수 오직 예수뿐이네"라는 가사가 마음에 와닿습니다.

알고 보면 '내 것은 하나도 없습니다!' 모두 '주의 것'입니다.

신생아가 이 세상에 태어날 때 쥐고 나온 주먹을 펴 봐도 아무 것도 쥐고 있는 것은 없습니다.

우리는 모두가 이 세상에 빈손으로 왔습니다.

비록 가난한 중에서도 건강 주신 것 감사하고, 연약한 중에도 믿음 주신 것 감사하고, 비록 겨자씨같이 작은 믿음일지라도 천국의 소망을 품으면 그보다 큰 부자가 없을 것입니다.

내 삶의 그 어느 것 하나도 주의 것 아닌 것이 없습니다.

무책임한 채무자

"그가 모든 사람을 대신하여 죽으심은 살아 있는 자들로 하여금 다시는 그들 자신을 위하여 살지 않고 오직 그들을 대신하여 죽었다가 다시 살아나신 이를 위하여 살게 하려 함이라"(고린도후서 5장 15절)

 남의 돈을 만 원이라도 빌리면, 채무를 메모지에 적어 놓고 빨리 갚으려 노력하는데 그게 마음대로 되지 않으면 헛바늘이 돋는 것 같은 느낌이 들 때가 있습니다.

신혼 때 사택에 들어가기 전에 열 달을 묵동에서 남의 집에 세 들어 살았습니다. 그때가 1987년이었고 보증금이 400만 원이었는데, 부모님이 200만 원을 준비해 주셨고 200만 원은 지인에게 빌렸습니다.

사택에 들어가면서 보증금을 받아서 빌린 돈을 돌려드렸더니 안 주셔도 된다며 사양을 하셔서 간신히 돌려드렸습니다.

그런데 곰곰이 생각해보니 아직까지도 잊어버리고 갚지 않은 채무가 남아있는 것을 새삼 깨닫게 됩니다. 그것은 **예수 그리스도께서 십자가에서 흘리신 보혈의 피 값**입니다.

우리는 '그리스도의 목숨 빚'을 평생 갚아도 다 못 갚겠지만 적어도 채무자라는 인식만큼은 잊지 말아야 할 것입니다.

고난의 뒤 페이지

"하나님이 우리를 사랑하시는 사랑을 우리가 알고 믿었
노니 하나님은 사랑이시라"(요한일서 4장 16절)

 바탕천에 여러 가지 색실로 무늬를 수놓아 장식
하는 공예미술로 길쌈이나 바느질과 함께 오랜
역사를 가지고 내려오는 자수(刺繡)는 바늘 한
땀 한 땀의 정성을 통해 멋진 그림이나 글이 새겨지지만 뒷면을
보면 엉망진창이고 보기 흉할 정도로 어수선합니다.

어쩌면 우리 인생에 다가오는 고난도 우리 삶을 엉망으로 만들
어 놓을 때가 있지만 그 뒷면의 글을 읽어 보면 '**하나님은 사랑
이시라**'(요일 4:16)고 새겨져 있는 것을 뒤늦게 발견할 때가 있습
니다.

지금은 앗수르가 예루살렘 성을 에워싼 것 같이 사방으로 우겨
쌈을 당하고 거꾸러뜨림을 당하여도(고후 4:8,9) 하룻밤 사이에
역전케 하시며 승리를 누리게 하시는 '새벽의 하나님'을 경험하
실 수 있기를 바랍니다.

나그네와 방랑자

"이 이스라엘 백성의 하나님이 우리 조상들을 택하시고 애굽 땅에서 나그네 된 그 백성을 높여 큰 권능으로 인도하여 내사"(사도행전 13장 17절)

 이 땅에 살아가는 사람들 중에는 두 부류가 있습니다. 한 부류는 나그네요, 다른 한 부류는 방랑자입니다.

나그네는 비록 인생길을 걷고 있지만 분명한 목적지가 있는 사람입니다. 이스라엘 백성들은 애굽 땅에서 400년간 살았지만 언제나 나그네로 살았습니다. 정착민처럼 살려 할 때마다 고난을 주셔서 해방과 가나안 땅을 소망하게 하셨습니다.

그런가 하면 인생의 목적과 목적지가 불분명한 사람들은 정착해 잘 산다 하더라도 그것은 어디까지나 방랑자의 삶에 불과합니다. 물론 '잘 산다'는 말도 본래 '부하게 산다'는 뜻이 아니라 '사이가 좋게 산다'는 뜻입니다.

우리는 이 땅에서 나그네로 살되, **하나님과 사이좋게 사는 것이 가장 잘 사는 것**입니다.

영원을 사모하는 마음으로

"또 사람들에게는 영원을 사모하는 마음을 주셨느니라 그러나 하나님이 하시는 일의 시종을 사람으로 측량할 수 없게 하셨도다"(전도서 3장 11절)

 저물어 가는 한 해가 아쉽기도 하고 미안하기도 한 때입니다. 돌아보면 지금 내가 여기에 있도록 해 주었던 시간과 사건들로 채워진 고마운 한 해였습니다.

그런가 하면 더 열심히 하지 못했던 것들이 떠오를 때면 하나님과 나 자신에게 부끄럽고 미안하기도 합니다.

그래도 결과에만 연연하지 않고 나름 열심히 하며 살아왔던 지나온 날들을 생각하며 나 자신에게도 위로의 박수를 보냅니다.

새롭게 맞이할 신년을 기대하며 옷매무새를 여밉니다.

새해에 쓸 수첩을 바꾸어 준비하고, 칫솔도 새 것으로 바꾸어 보지만 정작 바꾸어야 할 것은 내 마음이고 **인생과 사람을 대하는 관점**이라는 생각이 듭니다.

해아래 새 것도 없고, 영원한 것도 없지만 그래도 품고 붙들어야 할 것은 새해 앞에서 겸허한 자세로 영원을 사모하는 마음일 것입니다.

영혼을 위한 365일 1분 묵상

이 책을 읽고 주님께 드리고 싶은 말을 적읍시다.

망망한 바다 한가운데서 배 한 척이 침몰하게 되었습니다.
모두들 구명보트에 옮겨 탔지만 한 사람이 보이지 않았습니다.
절박한 표정으로 안절부절 못하던 성난 무리 앞에 급히 달려 나온 그 선원이
꼭 쥐고 있던 손바닥을 펴 보이며 말했습니다.
"모두들 나침반을 잊고 나왔기에…"
분명, 나침반이 없었다면 그들은 끝없이 바다 위를 표류할 수 밖에 없을 것입니다.

우리는 삶의 바다를 항해하는 모든 이들을 위하여
그 나침반의 역할을 하고 싶습니다.
우리를 구원하신 위대한 주 예수 그리스도를 널리 전하고 싶습니다.

"하나님은 모든 사람이 구원을 받으며
진리를 아는 데에 이르기를 원하시느니라"
(디모데전서 2장 4절)

영혼을 위한 365일 1분 묵상

지은이 | 조성원 목사
발행인 | 김용호
발행처 | 나침반출판사

제1판 발행 | 2019년 1월 5일

등   록 | 1980년 3월 18일 / 제 2-32호
본   사 | 07547 서울특별시 강서구 양천로 583
          블루나인 비즈니스센터 B동 1607호
전   화 | 본사 (02) 2279-6321 / 영업부 (031) 932-3205
팩   스 | 본사 (02) 2275-6003 / 영업부 (031) 932-3207
홈   피 | www.nabook.net
이   멜 | nabook@korea.com / nabook@nabook.net

ISBN   978-89-318-1571-9
책번호 마-1057

값은 뒷표지에 있습니다.